Виктор Батраченко

НЕТ ТОГО ДВОРА

стихи

2022

Виктор Степанович Батраченко
НЕТ ТОГО ДВОРА.
Стихи. Второе издание.
Брумфильд, Колорадо, 2022. – 151с.
Все права защищены

Victor Batrachenko
THAT YARD IS GONE
Poetry book.
Second Edition.
Broomfield, Colorado, 2022. – 151p.
All Rights Reserved

Published by Paul Mostinski, Philadelphia, USA

ISBN-13: 979-8-9858179-0-4
Library of Congress Control Number: 2022904484
Copyright © Victor Batrachenko, 2012-2022

ОТ АВТОРА

Эта книга была задумана давно. Казалось бы, проще простого собрать всё, что написано о родном городе, распределить по главам и отдать в издательство… Но раз за разом пересматривался макет – появлялись новые стихи о старых дворах, в которых жил когда-то, о знакомых домах и улочках, о безжалостном уничтожении дивных уголков старого Воронежа, о просторах Придонья и уютных пригородах… В Фабричном переулке, в котором прошло детство, всё меньше и меньше остаётся домов, камней, деревьев - моих старых знакомых… На проспекте Революции, которому постепенно возвращается прежнее название - Большая Дворянская улица, всё реже встречаю я ровесников, меняют свой облик дома, в которых я жил в первой половине пятидесятых… Парки и скверы в историческом центре города застраиваются небоскрёбами и уродливыми «теремами»… Город задыхается в пробках…

Воронеж – мой город. Попробую рассказать о том, как было… Должен высказать своё отношение к тому, что происходит.

* * *

Мой век, зачитанный до дыр,
неинтересен посторонним,
но о себе мы столько помним…
У каждого из нас - свой мир,
из эпизодов состоящий,
непримечательных на вид,
но, вспомнишь – звон в ушах стоит…

3

Мой век, стремительно летящий
к отметке, где замкнётся круг,
неровен и неоднозначен,
и вряд ли б я прожил иначе,
в начале оказавшись вдруг.
Но бесполезно ждать повтора…
Мне дорог каждый эпизод
из прошлого. А, что там ждёт –
в подробностях узнаю скоро.

Виктор Батраченко

ВОЗВРАЩЕНИЕ В ДЕТСТВО

Кто-то сказал: «Я родом из детства». Виктор Батраченко мог бы сказать о себе то же: так схватила его и долго не отпускает память о детстве. Так много стихов об этом в книге.

С «горбатенького Фабричного переулка» начинает он путешествие по детству, подробный поэтический рассказ о том, что осталось навсегда в памяти: о кривых улочках, бегущих к речке, об одновагонном красном трамвайчике, сползающем от Разина к Чернавскому, о гончарном ряде Мясного базара, где

Горшки, макитры, крынки и свистульки,
Соломой переслоены, лежат…

О «мальчишеских играх взахлёб» и о себе – «послевоенном дворовом пацане», в пристенок бившем царским пятаком или кидавшим в цель штыком от немецкой винтовки, или, рискуя взорвать себя, развлекавшемся «лимонками», припрятанными на чердаке.

Рассказывает то коротко, пунктирно, назывными предложениями, то рисуя «картинки из детства» - зримые, просветлённые, точно передавая детские ощущения.

Я сам был воронежским мальчишкой, сам это испытал, только на пятнадцать лет раньше. Но у детства во все времена общее лицо. И те же «жошки» и «подкоски», в которые играли мы, дошли до ребят пятидесятых. И те же «запахи детства», которые воспринимаются в малолетстве особенно остро и помнятся особенно долго:

В булочной так вкусно пахло хлебом,
Чёрным хлебом – основной едой…
Поспешал за бабушкой вприпрыжку,

Грыз горбушку, хлебом не соря,
Но в карман (легко понять мальчишку)
Клал всегда чуть-чуть для сизаря…

Запах пыли, акаций и дыма, сладкого от папирос… Запах печки в дедовском доме…. Бабушкиного кулеша и вишнёвого варенья в саду доброй соседки, не дождавшейся мужа с войны.

В его стихах много раз встречается слово «мама». Пожилой человек, подполковник в отставке, доцент педуниверситета с нежностью и угрызениями совести вспоминает свою маму:

Свершилось многое из планов. Рубежи
преодолел. Но, честным будь, скажи, -
ко собирал тебя в дорогу? Забываем…
Нет, помним, но не можем уделить
минутки, чтобы, обратившись к маме,
благодарить, чуть шевеля губами,
за шалости прощения просить.

И – запоздалое сожаление:

Бескозырку б с якорями
снова набекрень надеть,
подойти, прижаться к маме,
рядом с нею посидеть…

Фабричный переулок – один из последних островков старого города. Воронеж разросся, стал мегаполисом. Но поэт испытывает от этого только горечь:

Рушат старое… Что же возводят взамен?
Терема, небоскрёбы, бунгало.
Я не рад, что дожил до таких перемен,
Что со старым Воронежем стало?..

Мажорное настроение детства сменяется грустным, подавленным настроением, глаза взрослого, мужественного человека увлажняются, из горла готов вырваться всхлип:

Обхожу безмолвно старый дом,
Пусто, одиноко, в горле ком.

Ностальгией, тоской по утраченному навсегда пронизаны многие страницы книги. По существу, той же ностальгией окрашена глава «Они ушли», очень лиричная и философски мудрая. О бабушке и маме, Мандельштаме и Бунине, о безымянных жертвах Дубовки и друзьях, ушедших навсегда:

Спохватимся порой долги отдать,
но слишком поздно – далеко умчались
те поезда, и нам их не вернуть
к перронам, на которых провожали.
Вокзалов нет и рельсы разобрали…

И всё же:

Маячит прощание где-то –
и мне уходить суждено,
но верю: дожить до рассвета
удастся. Открою окно,
напьюсь тишиной и прохладой,
увижу рождение дня…
Жизнь держит! Мне многое надо
успеть – есть долги у меня.

«Других событий отголоски» - в стихах, написаны в традициях русской лирической поэзии («Каменный мост», «Зеркало», «Зимний вечер»). Но всё же доминирующее в цепи событий, сквозное чувство одно: «Ах, как хочется в детство назад!».

То, что я написал, - не критическая статья. Здесь не место подробно разбирать художественные достоинства и недостатки книги. И то и другое – есть. Есть стихи, которые просятся стать песней. Есть искреннее чувство, порой восходящее до настоящей боли, без которой поэзии не бывает. Вместе с тем кое-где есть и досадная поспешность, прозаическая прямота высказывания, переплетённая в рифмы.

Но безусловно одно: книга получилась хорошая. Откройте её – и сами убедитесь в этом.

Илья Кесслер, член Союза российских писателей.

1. Фабричный переулок. Поэма

Есть такой переулок в Воронеже,
там я начинал жить...

* * *

Всё пишу стихи. Глядь, и выйдет книжка...
В ней вся жизнь моя, в ней тепло души,
в ней рассказ о том, как один мальчишка
распахнул глаза, как узнать решил,
что там за окном, что за поворотом,
почему так сладок поцелуя яд...
Как он повзрослел и толкнул ворота...
Как совсем седым он пришёл назад...

* * *

Я в стихах невзначай возвращаюсь туда раз за разом,
в ту страну, но известно лишь мне, где она.
Я её позабыл, но напомнили внуков проказы...
Вы уже отгадали название? Детство! Весна
там всегда приходила большим половодьем,
и солдатики строились в ряд возле тёплой стены...
Почему всё не так, слишком буднично стало сегодня?
Виноваты, скорее всего, повзрослевшие мы...

* * *

Перевернуть Судьбы страничку
и всё, что было, позабыть,
потом - ещё… Войдёт в привычку
листать, листать… Но как прожить
без Памяти, о тех, кто рядом
когда-то был и поддержал
рукою крепкой, тёплым взглядом,
кто несмышлёныша прижал
к груди, пригладил жестковатый,
на солнце выгоревший чуб…
Невосполнимые утраты.
Прощание. Холодных губ
касание перед разлукой…
Судьбы страничка шелестит,
к ней снова возвращаться, знаю,
мне раз за разом предстоит.
Всю жизнь Судьбу свою листаю…

* * *

Как с совестью суровый разговор
вести, к концу дороги приближаясь?
Как долга запоздалого укор,
принять и как, отбросив жалость
к себе, назад внимательно взглянуть
на вехи, на событий отголоски,
на тот, тобою проторённый путь,
не магистральный, скромный и неброский?
Чтоб отголоски эти сохранить
из прошлого, из тех туманных далей,

почаще надо просто приходить
туда, где в детстве мы с тобой мечтали,
о том, как ляжет мир у наших ног,
у наших ног – ни больше и ни меньше,
о том, что нас не даст в обиду Бог,
ещё о том, какой успех у женщин…
Ещё о том… Да мало ли о чём
тогда легко и сладко нам мечталось,
но этот мир, в котором мы живём…
Нам часто ничего не доставалось,
а, если доставалось, то с трудом,
таким трудом, мозолями и потом,
что ничего не хочется потом…
Но служба, но учёба, но работа,
но долг, но этот бесконечный путь
сквозь тернии к таким далёким звёздам…
Не отдохнуть и не передохнуть,
и не догнать. Теперь, конечно, поздно
да и не надо. Жизнью отрезвлён,
на детские мечты смотрю с улыбкой -
Бог отвернулся, мир не покорён,
и горизонт вдали какой-то зыбкий…

Как хочется опять туда прийти,
где так наивно в детстве мы мечтали,
но жизнь прожить – не поле перейти,
и те места отыщем мы едва ли…

* * *

Кривые улочки, бегущие к реке,
Весною набухали ручейками.
Екатерининский пятак, зажав в руке,
Находке рад, лечу стрелою к маме…

В загаре, в цыпках, к осени подрос –
Домишки в переулке стали ниже…
Зима. Гурьбою мчимся под откос,
Ломая руки, ноги, санки, лыжи…

Цветущие сады, собак ленивый лай.
Под фонарём – лото. Аккордеон играет.
Одновагонный красненький трамвай
По Разина к Чернавскому сползает…

С подружкой не спеша бредём к реке
По стертым плитам каменных ступеней,
Болтая о ручьях, о пятаке
И задыхаясь от прикосновений…

Жизнь долгую прожив, иду степенен, сед,
Избрав для ностальгических прогулок,
До мелочей знакомый с детских лет
Горбатенький Фабричный переулок…

Я не надеюсь встретить здесь друзей –
Тех нет давно, иные уж далече…
Воронеж, город юности моей,
Тебя я снова на прогулке встречу!

* * *

Гляжу назад, пацан пятидесятых, -
Дом на Фабричном переулке, на бугре…
На поле боя ищем автоматы…
Печёная картошка в кожуре…

"Тарелка" чёрная весь день бубнила.
Последние известия… Спектакль…
И по всему, что слышал, выходило –
Всё правильно у нас, везде – не так.

Воронеж в стройках, но руин немало,
Работает "Спартак", шумит вокзал…
А зрелищ, как и хлеба, не хватало –
Заветным местом был Мясной базар.

В тир заходил, но денег нет на пульки…
Потом любил пройти в гончарный ряд.
Горшки, макитры, крынки и свистульки
Соломой переслоены лежат…

Я бесшабашный был тогда и смелый.
Во все глаза глядела мелкота,
Как для рыбалки конский волос белый
Я рвал из лошадиного хвоста.

Рванув и увернувшись от копыта,
Шёл, не спеша, вразвалку по рядам
И крепким словом задевал сердитых,
Из царского ещё режима, дам…

Всё впереди, и я бесстыдно молод.
Раздолье, как в деревне, благодать.
Минут пятнадцать в гору – вот он, город,
И до реки всего рукой подать…

В реке вода прозрачная журчала.
Пётр строил здесь на верфях корабли…
И было жизни детское начало,
И всё еще маячило вдали.

И было всё тогда легко и просто,
И был я сам, как птица, как трава,
И не подозревал, что будет возраст,
Болезни и седая голова.

* * *

Голуби, взмывающие в небо…
Город, искорёженный войной…
В булочной так вкусно пахло хлебом,
Чёрным хлебом – основной едой.

Хлеб по карточкам давали, помню,
Помню, как широкий острый нож
Резал норму… Я в сторонке скромно
Ждал довесок – мой, не отберёшь…

Поспешал за бабушкой вприпрыжку
Грыз горбушку, хлебом не соря,
Но в карман (легко понять мальчишку)
Клал всегда чуть-чуть для сизаря.

* * *

В памяти у каждого – своё,
каждый выхватит лишь то, что ближе.
Ты заметишь то, что не увижу
я одновременно… Остриём
душу мне прошьёт воспоминанье
из послевоенных трудных лет:
жидкий суп с картошкой на обед,
нудное домашнее заданье…
А братва уже зовёт к реке -
будут взрывы, там на льду сапёры.
Взмах флажка – разрушены заторы…
Гильзу подарил солдат, в руке
я зажал её. Подарком этим
удивить тогда было нельзя,
но просили посмотреть друзья,
поменять на марку… Были дети
заводными, всё – гуртом, гурьбой,
веселы, хоть и недоедали…
И отцов с войны всё ждали, ждали,
не смирившись со своей судьбой.

* * *

Игрушки детские конца сороковых
не отличались широтой ассортимента,
об этом скупо вам расскажет кинолента
иль кто-нибудь из нас ещё живых
послевоенных сорванцов-мальчишек,
в пристенок бивших царским пятаком,
и от винтовки "Маузер" штыком
кидавших в цель, как те бойцы из книжек,
которым лихо подражали мы,

в войну играя на буграх приречных…
Гранаты, мины – пацанов увечных
прибавилось потом, после войны…
Как дорожил я грузовой машинкой,
мотоциклистом и броневиком -
отец был ранен именно в таком
зимой на финской… Настоящей финкой
с наборной рукояткой я играл
на чердаке, прокравшись незаметно.
Она лежала в тайничке заветном,
её с собой я никогда не брал…
Потом имел я перочинный ножик –
кораблики, свистульки, стрелы, лук
строгались им… Запомнился испуг
от первого пореза. Было всё же
тогда у нас игрушек слишком мало,
и мы умели ими дорожить.
Задумываюсь – трудно было жить?
Не помню – дня на игры не хватало.

* * *

Какая роскошь быть сами собою,
тем разбитным дворовым пацаном,
взъерошенным, всегда готовым к бою
с чужими… Вспоминаю этот дом
и этот двор, где виноградом диким
беседка старая оплетена…
В разбитой церкви проступают лики
расстрелянных святых… Прошла война
по городу, прошла по судьбам близких,

и, всё взорвав, спалив, ушла назад,
оставив имена на обелисках…
Беседку оплетает виноград,
трамвай звенит, руины разбирают,
народ гуляет, будто нипочём.
Фонтан. Дорожки в парках засыпают
в развалинах добытым кирпичом.
И кирпичом обкладывают клумбы,
и от цветов под вечер – аромат…
Подвалы, чердаки…Мы там – Колумбы…
Припрятаны лимонки, автомат…
Бог пощадил, никто не подорвался
из пацанов. А, может, повезло…
Встречаю тех ребят, с кем в детстве дрался,
всё реже - многих время замело…

Ни дома нет в помине, ни беседки,
на колокольне - вновь колокола,
и в кружки нищим звякают монетки…
Я всё ещё пацан, но жизнь прошла…

* * *

Провинция, откуда родом ты,
меняется неспешно, незаметно,
ведут в то ностальгическое ретро
простые деревянные мосты.
За ними - вверх по улицам булыжным, -
до площади. Жив православный храм
на ней назло врагам, назло годам...
Отсюда, став на простенькие лыжи,

17

неслись до речки – только ветра свист
по спящему в сугробах переулку...
Стащив у деда старенькую тулку,
с приятелем разборкой занялись
и, слава Богу, не нашли патроны...
Но был ремень и угол, всё равно...
Давно всё это было, так давно,
и где мальчишка тот неугомонный,
во двор сбегавший с самого утра
и бабушкой отловленный к обеду,
отмытый, о бактериях беседу
прослушавший, и так же, как вчера,
пообещавший мыть лицо и руки,
и мывший кое-как их столько лет...
А бабушки давно на свете нет,
и руки из-под палки моют внуки...

Провинция меняться не спешит,
оберегает старины приметы.
Ступи на мост, туда ведущий, где ты
в далёком детстве счастливо пожил.

* * *

Запахи детства... Рубили капусту
споро, в четыре руки.
Мне – кочерыжки огромные! С хрустом
зубы вонзаю. Крепки,
сладкие, мне одному слишком много...
- Можно друзей угощу?
Пятидесятые... Жили убого,
бедно, но я не грущу,

припоминая шальную ватагу
наших, дворовых ребят,
слёзы обиды – солёную влагу…
Дрался, был прав… виноват…
Днём – запах пыли, акаций и дыма
сладкого от папирос
и сигарет. «Беломор», или «Приму»
я не курил – не дорос,
но в лопухах, возле тех, кто взрослее,
нюхал, хватал на лету
крепкое слово… Как только стемнеет,
звали домой. За черту,
ту, что являлась дворовой границей,
по темноте - ни ногой…
Хочется есть. Заставляют умыться.
Запах от печки какой!
Ужин: свекла отварная, да каша
пшённая с салом – кулеш.
Дедушка Федя, сестричка Наташа,
бабушка Катя… - Поешь!
Я уплетаю кулеш с аппетитом,
шкварками пахнет, дымком!
Запахи детства, я ими пропитан,
в запахах жив старый дом…

* * *

Какие санки были у меня!
Покрашенные краской голубою,
летели сами под гору. Гурьбою
катились мы, ребята, малышня…

Вдоль переулка ветхие домишки,
послевоенные, а переулок крут,
со свистом санки по нему несут!
Я – первый, позади меня мальчишки…
И снова – в гору. Труден каждый шаг,
на шарфе – иней, полыхают щёки.
Обратный путь наверх такой далёкий…
Откуда столько силы в малышах?
Частенько размышляю я об этом,
шутя беря знакомый мне подъём,
тогда не раз без сил лежал на нём,
но, отдышавшись, вновь катился. Летом
в сарае были санки, до поры,
катанье с горки забывалось быстро…
Я снова в переулке - снегом чистым
засыпан он для новой детворы.

* * *

Я кораблик первый смастерил
из дощечки, листик из тетради
парусом на мачту прикрепил
и отправил в лужу-море... Сзади,
над кормой струился красный флаг,
мы тогда других не признавали,
и названье гордое «Воряг»
через «О»... Вновь смастерить едва ли
мне удастся парусник такой.
А «Воряг» потоплен был пиратом
Юркой, доводился старшим братом
он Танюшке. То – рассказ другой…

* * *

Любил по лужам в детстве – босиком...
Коленки сбиты, не сходили цыпки...
Ругалась бабушка, я был тщедушный, хлипкий,
но летом не болел. А со звонком,
зовущим в школу, начинались сразу
простуды... Капали пенициллин
на рафинад. Болел не без причин,
несложно было подхватить заразу.
Пускай микстуру приходилось пить,
терпеть горчичники, переносить уколы,
зато - освобождение от школы!
Чихнул – неделю можно не ходить...
Как ждал я наступления тепла,
чтоб снова босиком бежать по лужам.
На лето был пенициллин не нужен,
простуда никакая не брала!

* * *

Дождь выбивает нас из колеи,
из ритма, из привычного уклада.
Ему, дождю, зачем-то это надо…
К дождю я не испытывал любви,
старался переждать и отсидеться
под крышей, и согреться у огня,
мерещилась угроза для меня
в потоках с неба… Возвращаясь в детство,
я силился понять – откуда страх,
ну, пусть не страх, но всё же беспокойство.
С годами улетучилось геройство -
гонять по лужам в крупных пузырях…

21

Всё дело в пузырях! Я понял это
и, дом покинув, двинул босиком
по лужам и не думал ни о ком...
Мне кажется, тогда я стал поэтом.

* * *

Память бережно листаю,
как альбом, смотрю назад,
в детство. Часто вспоминаю
старый дом, вишнёвый сад,
покосившийся сарайчик,
в чистом небе голубей...
Вот сидит в матроске мальчик
с мамой молодой своей...
Вот она ему читает...
Вот ведёт его к врачу...
Не получится, я знаю,
но, что делать, так хочу
бескозырку с якорями
снова набекрень надеть,
подойти, прижаться к маме,
рядом с нею посидеть...

* * *

Надо было мне дедушкой стать,
чтоб с большим опозданьем понять,
как заботливы бабушки руки...
Принимают, как должное, внуки

и подарок, и лучший кусок,
и из шерсти ангорской носок,
ежедневное чтение сказки,
поцелуи, излишние ласки…
И рассказы про давние годы,
как водила она хороводы,
как в тряпичные куклы играла,
как потом жениха поджидала…
Из лебяжьего пуха подушка,
что-то бабушка шепчет на ушко…

Как заботливы бабушки руки…
Как малы, чтоб понять это внуки…

* * *

Какая польза от неспешных созерцаний
уютных заповедных уголков
родного города, его старинных зданий,
правобережья бархатных бугров,
которые так много повидали
в веках прошедших… Не всегда готов
я оценить их возраст и едва ли
мне надо это. Не хватает слов,
чтоб описать, как холодок по коже
бежит, когда увидишь, замерев,
наличник, так на кружево похожий,
на домике, что чудом уцелев
от войн, от революций, от пожаров,
нас радует изяществом своим.
Резной наличник в переулке старом,
таких не делают теперь. Неповторим…

Прохожий шаг невольно замедляет,
неспешно созерцая этот дом,
глаза теплеют, по лицу блуждает
улыбка лёгкая… Он вспомнил о своём…

* * *

Кривые переулки по буграм
и улочки, и тупики – Воронеж
правобережный, дан в подарок нам.
Сбежишь весной под горку и утонешь
не в море, нет – в сиреневом дыму
и в яблоневом цвете розоватом.
А «море»… Неподвластные уму
ошибки, совершённые когда-то,
неисправимы, не вернуть лугов
заречных изумрудных с озерцами…
Некомпетентность, дурь – сюжет не нов,
а сколько дров мы наломали сами,
а сколько порубили на дрова садов,
икон, сломали сколько судеб…
Когда же кончим выбирать богов,
когда ж научимся ценить подарки, люди?

* * *

В бреду ли ты бредёшь, куда глаза глядят, не зная,
где постоять тебе придётся, где свернуть, где осенит.
Не удаётся по прямой идти, кружа, петляя,
к местам давным-давно знакомым возвращаться предстоит
и удивляться искренно, не сразу узнавая
за пестротою впопыхах построенных дворцов, хором
кусочки, в детстве виденного, сказочного рая:
церквушку дивную, она легко парила над бугром,

до самых куполов лозой увита узловатой,
в снарядных оспинах кирпичная подпорная стена,
всё так же вдоль неё бежит коротенький горбатый
Фабричный переулок. Даты, клички чьи-то, имена
на старых кирпичах уже почти неразличимы.
Я финкой вензель выводил, где он? Теперь не отыскать…
По тропам памяти бредём, кружим, как пилигримы…
Я помню всё, но город детства всё труднее узнавать…

* * *

На улице встречаю я чужих,
Случайных незнакомых мне прохожих.
И всё ищу, ищу в толпе похожих
На давешних приятелей моих.

По имени окликнул пару раз,
Но приходилось тут же извиняться.
Что делать, каждый может обознаться,
Увы, подводит часто память нас…

Хоть неприятно это сознавать,
Загадки нет, всё просто - годы, старость,
Нас мало в этом городе осталось.
Ушли… Чужих приходится встречать.

* * *

По зыбкому незримому мосту,
который в прошлое ведёт сквозь память,
неспешно, осторожными шагами
иду. Даст Бог не заступить черту
мне повезёт и в этот раз. К ушедшим,
к местам, где приходилось мне бывать
стихами возвращаюсь я опять.
Грустить и сожалеть о происшедшем
в том, невозвратном прошлом - мой удел...
Но сколько радости, тепла и света
от возвращенья в пору, что согрета
руками мамы. В суматохе дел
так часто мы забывчивы бываем.
Свершились многие из планов, рубежи
преодолел. Но, честным будь, скажи, -
кто собирал тебя в дорогу. Забываем...
Нет, помним, но не можем уделить
минутку, чтобы, обратившись к маме,
благодарить, чуть шевеля губами,
за шалости прощения просить.

* * *

Лица мёртвых так долго ещё улыбаются детям,
извиняясь безмолвно за то, что не в силах для них
сделать доброе дело, помочь, подсказать. Лица эти
не стареют, но в памяти время стирает то штрих,
то словечко привычное, то интонацию в споре
и - иную совсем перед долгой разлукой… Домой
не вернуть никого. Время мчит, притупляется горе –
что поделать, нам всем предстоит в мир иной

перейти, всем потом предстоит улыбаться с портретов
детям, близким, знакомым, и этот сюжет – не беда…
Дай-то Бог, чтоб теплом наших взглядов безмолвных
согреты,
ощущали они, что мы рядом, мы с ними всегда.

* * *

Пожив за морем на других материках,
Опять иду я по родному чернозёму
К тому, давно несуществующему дому,
Что утопал в душистых табаках.

На улице моей, знакомой с детства,
Бурьян, репей, бушует лебеда –
Сорняк могуч на пустырях всегда.
Трава забвенья – вот моё наследство…

То здесь, то там стоят особняки,
И здесь очередной вот-вот воздвигнут.
Куда идти? Стою врасплох застигнут,
Нет прежних переулков – тупики…

Мой старый город в тупике со мной.
Пир на костях... Война дворцов и хижин...
Народ повержен, голоден, унижен.
Что стало вдруг с могучею страной?

Болото под бугром взамен реки.
Не продохнуть, от смога слиплись вежды...
Держусь лишь осознанием надежды –
Не все ещё заглохли родники.

2002-2005г.г.

2. На главном проспекте

Надеюсь: повезёт

Мост, под которым, вовсе, не река –
дорога. Рельсы улеглись устало
на шпалы... Сколько раз по ним с вокзала
я уезжал... Под стук товарняка,
гружённого песком, щебёнкой, лесом,
мальчишку вспоминаю на мосту.
Меня в страну мост возвращает, в ту,
в которой побывал однажды, - в Детство.
Мне нравились: весёлый стук колёс
на стыках, счёт вагонов, семафоры...
Но, главное, любил я дым, который
выбрасывал клубами паровоз,
под тем мостом на всех парах летящий!
Чтоб задержаться, я хитрил, как мог:
прихрамывал, завязывал шнурок...
Я в облаке парил – какое счастье!
Меня просила мама: «Поскорей!
Бежим из дыма этого, из ада!»
Но через мост нам с мамой было надо
идти назад... Забавы той моей
я не забыл. На мост, ведущий в Детство,
хожу без мамы я который год
и жду, надеясь, может, повезёт –
как прежде, паровоз промчит по рельсам!
5.07.09.

Запах из прошлого

Запах из прошлого… Как это всё-таки странно,
как это можно – из прошлого запах знакомый…
В пятидесятых я жил во дворе ресторана.
На лошадях привозили продукты. Соломой
пахли телеги, а лошади – потом, трудяги,
дров штабеля во дворе вкусно пахли смолою,
сеном, коровами пахли молочные фляги,
кухня – едой… Боже мой, кухня пахла едою!
Жили не голодно, но без особого шика,
позже дошло, как непросто тогда было маме
нас накормить… Это ж надо, поди-ка,
столько припомнил на старости лет в ресторане…
5.10.05.

Тигрята

В послевоенном шапито когда-то
я с цирком познакомился. Жонглёр
и фокусник, и клоун на ковёр -
по очереди… Музыка… Тигрята…
Тигрята! Их на парочку минут
в манеж пустили между номерами…
Потом я не давал прохода маме,
просился в цирк… И вот я снова тут.
На месте шапито стоит громада
собора. Медью блещут купола,
на колокольне бьют в колокола…
Но я в собор не захожу, мне надо –
к тигрятам… В кулачке зажав билет,
я в цирк спешу! Я переполнен счастьем –
тигрята ждут! Ход времени не властен -
прошло каких-то шесть десятков лет…
20.01.08.

* * *

Клоун в рыжем парике
то наивен, то раскован,
смысл реприз его рискован…
За собой на поводке
водит умную собаку,
у которой грустный взгляд, -
лает восемь раз подряд,
цифру отгадав по знаку,
незаметному… Гремит
музыка. Собака дёру
хочет дать. В манеже скоро
выступит факир… Кульбит.
Неудачное паденье.
Незамысловатый трюк
с доставанием из брюк
реквизита. Представленье
в нашем старом шапито,
«Ну-ка, отними!» - конфета
мне от клоуна… Я это
не забуду ни за что!
16.05.08.

Солнечный наш класс

Сколько раз входил я утром, сколько раз,
в четырёхоконный солнечный наш класс…
Третья парта с чёрной крышкой откидной.
Рядом Алка. Показать бы поджигной
однокласснице. Ей это ни к чему.
Косы-бантики… Тургенева «Му-Му»
на дом задали готовить наизусть.
Не читал. Наверно, спросят. Ну и пусть…
После пятого - в развалины, стрелять.
Надо в этот раз чуть-чуть пониже взять -
я вчера промазал, а теперь - на спор…
Обещал прийти с Проспекта Игорь-вор,
у него наколка: сердце и кинжал,
он из наших никого не обижал,
хоть и старше нас – ему шестнадцать лет.
Он давал мне настоящий пистолет
подержать… Его убили через год.
За «Му-Му» мне – «двойка». Дома попадёт…
…………………………………….
Старой школы, двадцать лет уже как нет,
мне давно за шестьдесят, я трижды дед…
Вспоминаю вновь и вновь, в который раз
четырёхоконный солнечный наш класс…
16.04.07.

Ощущенья счастья нет

Александру Четверикову

В городском саду кино
помню под открытым небом.
В детстве я тихоней не был –
был нормальным пацаном!
Деньги тратить на билет?
Ни за что! Глядим с забора
заграничный фильм про вора
из Багдада… Самоцвет…
козни подлого Джафара…
цепь предательств и погонь…
драки, джин, летучий конь…
С одноклассником на пару
снова лезем на забор!
Фильм о красных дьяволятах,
сделанный ещё в двадцатых…
Вспоминаю до сих пор,
как частенько по забору
из порезов кровь текла –
был осколками стекла
он утыкан… Слишком скоро
детство кончилось. Давно
нет того кинотеатра.
В мир иной ушли ребята
из двора… Смотрю кино
в современном кинозале,
но не трогает сюжет…
Ощущенья счастья нет,
а тогда его мы знали!
19.09.10.

Девушка с веслом

Помню в парке эту гипсовую странницу,
а напротив – парень гипсовый с мячом,
Танькой звали мы её, с веслом красавицу,
дальше – лавочка, Иосиф с Ильичом
там сидели, отдыхая и беседуя,
но однажды, только наступила ночь,
я уснул, устав и ничего не ведая…
Ночью Сталин удалился прочь…
Утром лавка стала малость укорочена
и сидел на ней потерянно Ильич,
деда-сторожа (забыл я имя-отчество)
возле лавочки шарахнул паралич…

Парк запущен, нет теперь в нём Ленина,
Танька с парнем тоже угребла…
Но листва по всей аллее густо вспенена,
словно девушка с веслом по ней прошла…
19.1.05.

Старый Воронеж

Владимиру Колесникову

Чем-то этот пейзаж мне знаком – подворотней, окном,
тротуаром?
Рыжим светом фонарным сквозь переплетенье ветвей?
Начинается дождь на картине в Воронеже старом,
Или это слегка увлажнились глаза ностальгией моей?
Пробежал ветерок – отраженья рассыпались в лужах…
Уплывает трамвай, по накатанным рельсам скользя…
Этот милый пейзаж городской мне так дорог, так близок,
так нужен.
Почему? Объяснить в двух словах ощущения эти нельзя.
На картине – проспект? Нет, скорей, это только намёки,
Впечатления, поиски сути, настройка души.
По асфальту бегут пузырясь дождевые потоки…
Шелест шин… Одинокий трамвайчик трезвонит в тиши…
На картине не видно людей – всех в дома загнала
непогода.
Потемнели фасады намокшие, дождь всё сильней…
Я в картину вхожу… Принимай меня, старый мой город,
И прости, что слегка увлажнились глаза ностальгией моей.
2004.

* * *
Этот, хорошо знакомый дом
Обходить стараюсь стороной
Столько лет уже. Ни в чём таком
Он не виноват передо мной.

В этом доме я бывать был рад
И не сомневался до поры
В том, что прав. Ушёл. Пути назад
Нет – такие правила игры.

В этом доме я бывал давно.
Сильно обветшал его фасад,
В нём жильцы сменились, но окно -
То окно – притягивает взгляд…
2005.

Памятник собаке

В двух шагах от шумного проспекта
Пёс сидит, уже который год,
Он хозяина всё ждёт и ждёт,
Понимает - задержался где-то.

Сеттер знаменитый - Белый Бим
Близок всем давным-давно и дорог,
Чёрным ухом ловит каждый шорох,
Шаг знакомый ждёт, неутомим…

В двух шагах от шумного проспекта
Памятник собаке. Как живой,
Каждому воронежцу он – свой,
Верностью душа его согрета.
16.11.05.

Тот милый старинный театр

Тот милый старинный театр
      в треугольном особенном здании,
Зажатом с боков беспощадно
      бетонными монстрами,
Та сцена счастливая
      над оркестровою ямой развёрстою,
Тот зал, позволяющий слышать
      с галёрки актёров дыхание…
Тот занавес старый, он выгорел,
      вылинял, даже заплатан,
Он пылью пропитан,
      он молью прожорливой трачен,
Он сцену от нас до поры
      закрывать предназначен,
А также актёров,
      играющих за невысокую плату…
Те ложи, слегка тесноватые,
      необычайно уютные,
В антракте в фойе
      театралов заядлых кружение,
Поклоны знакомым,
      увиденного обсуждение,
Восторги и сплетни,
      рецензии сиюминутные…
Тот юный Кольцов
      на огромном холсте Гончарова,
Взирающий вдаль мимо нас,
      гардероб покидающих зрителей,
Тот воздух театра дразнящий,
      такой удивительный,
Те старые кресла в партере,

обитые плюшем бордовым…
Та гордость за новый успех на гастролях,
        за нового лауреата,
Те дни до премьеры,
        тот лёгкий озноб в ожидании
Новинки маститого автора,
        пьесы с мудрёным названием,
Та тихая грусть о спектакле,
        из репертуара изъятом…
Тот старый театр,
        те актёры, те пьесы, те зрители…
2003.

* * *

Дом из детства стоит до сих пор
в самом центре, на вид – староват,
новостройками стиснут, зажат…
Прохожу подворотней во двор.
Деревца сохранились не все:
пара вязов, им – за пятьдесят.
Покосившись, сараи стоят…
В том углу, где была карусель,
гаражи разместились теперь,
ни песочницы, ни турника…
Над колодцем двора облака,
как и прежде… Железная дверь
закрывает знакомый подъезд.
Не войти – неизвестен мне код…
Кто там, в нашей квартире живёт?
Пацаном я бы мигом залез
по пожарной, что рядом с окном
до сих пор… Только мне ни к чему
да и мало ли что там поймут,
всполошится, наверно, весь дом –
там, на лестнице, кто-то чужой!
Что он там, наверху позабыл?
Старый дом, я когда-то здесь жил,
я пришёл попрощаться с тобой…
14.06.09.

* * *

Не вернуть тех игр дворовых:
ни лапту, ни городки…
Бегать наперегонки
не умеют дети новых
распрекрасных городов.
Нет дворов – одни парковки…
Негде натянуть верёвки,
классики - мелком… Компов
игровой наркотик сладок,
туже с каждым днём петля –
не прожить уже ни дня
без игры… Ни клумб, ни грядок,
ни скворечников весной,
ни зимующим - кормушек…
Виртуальный мир игрушек
всеобъемлющ. Озорной
смех не слышен у подъезда,
волейбольного мяча
позабыт полёт… Кричать
из окошка бесполезно,
зазывая на обед, –
по домам засели дети,
днём и ночью – в Интернете…
Солнечный не видят свет…
18.02.09.

Старые стены

Николаю Провоторову

На неяркое солнышко щурясь
Я осенним иду вечерком
По проспекту – центральной улице.
Каждый дом чем-то близок, знаком.

В этом доме я жил и в этом,
В тот захаживал часто к друзьям,
Здесь встречался с известным поэтом,
В этот мне заходить нельзя…

Расставанья на лестничных маршах,
Подоконник, как раз – на двоих…
Разговоры наивные наши…
Вряд ли стены запомнили их.

Сердце вдруг учащённо забилось,
Помню, помню я те вечера,
Будто это недавно случилось,
Будто все это было вчера…

Узнаю эти старые стены
За кричащей дешёвкой реклам.
Никуда я отсюда не денусь,
Никому своего не отдам.
2003.

* * *

Облака проплывают над нами.
Может, те - из далёкой поры?
Я на крыше сидел с пацанами –
С крыш удобнее за облаками
Наблюдать. Что-то вроде игры...

Вроде, те же они? Неужели,
Всё летят и летят до сих пор?
Сколько раз шар земной облетели?
В скольких странах на них поглазели?
Как нашли они снова наш двор?

До чего фантастичны их формы!
А, всего лишь, – паров конденсат...
Отчего же за ними упорно
Всё следим и следим до сих пор мы?
А они всё летят и летят...
30.07.08.

* * *

Ступень внезапного взросленья
давно осталась позади…
Двор старый пуст, лишь я один -
пришёл проведать. Возвращенья
мои нечасты. Нелегко
даются в прошлое визиты.
По-крупному мы с жизнью – квиты,
но с каждым годом террикон
пустой породы – дел ненужных
растёт всё выше, застит свет…
Двор стал чужим, в нём больше нет
тех, с кем жилось вольготно, дружно,
с кем от восхода до темна
был во дворе я неразлучно.
Их время забрало поштучно…
Невидима стоит стена
меж тем, что есть, и тем, что было.
Здесь – жизнь, за нею – тишина…
Пропустит и меня она
туда, когда иссякнут силы…
11.06.08.

3. Картинки из детства

* * *

Пушка, кораблик, лошадка,
Фантики, мишка, юла...
Кошка котят принесла...
Весело было и сладко.

Страхов придуманных жуть,
Смелая неосторожность...
Дорого дам за возможность
Давнее детство вернуть.

Чтоб во дворе – дотемна,
Чтоб позвала из окошка
Мама... Ну, хоть на немножко -
К маме. Как пела она...
4.06.07.

* * *

Картинки из детства настолько реальны…
Не верится, что по прошествии лет,
Я помню, где был и во что был одет,
И как фейерверк был устроен прощальный.

Ракеты со свистом взлетали, дымя,
Взрывались в зените почти незаметно –
Был полдень, мы просто забыли про это,
Нам лень было ждать завершения дня…
8.12.06.

Клад

В старый дом я вернулся, спустя столько лет,
стал выбрасывать хлам, заглянул под крыльцо.
Обнаружил там клад – горстку мелких монет.
Вспомнил всё. Озарила улыбка лицо...
Плоский камень – под ним я устроил тайник,
прятал двушку в него, три копейки, пятак...
Сколько было мне? Шесть? А теперь я – старик...
Потемнели монеты, окислились. Так
получаются клады. Мой клад невелик –
из советских времён два с полтиной всего.
Улыбнувшись находке, оставил тайник,
может, лет через сто обнаружат его...
18.07.08.

Возвращаясь в детство

Возвращаясь раз за разом в детство,
обхожу безмолвный старый дом.
Пусто. Одиноко. В горле ком
застревает. В детстве отсидеться
не дано. Дорога предстоит
каждому, трудна и интересна -
всё вперёд. Но возвращенье в детство,
в дом, в котором сердце защемит,
и желанно, и необходимо.
Помню, помню всё до мелочей!
Мой мир детства, больше он ничей.
Я стою на пустыре, а мимо
парочки идут, снуют авто,
тормозя и разгоняясь снова…
Слёзы набегают – что ж такого…
Впрочем, и не видит их никто.
20.02.10.

Пенки

До чего же вкусный запах!
Таз латунный на плите…
я крадусь на мягких лапах
по-кошачьи. Пенки, те,
что на столике в тарелке,
как душисты и вкусны!
Из жердёлы-скороспелки
варится варенье. Мы,
наконец, дождались пенок!
Не дерёмся - пополам
делим их с сестрой. В пристенок
я бегу играть… Отдам
всё – вернуться бы в то лето.
На тарелке с ободком –
пенки… Стопкою монеты…
Целюсь царским пятаком…
Бью ребром, и марки, леи
перевёрнуты лежат –
мне везёт! Я богатею!
Детством на всю жизнь богат!
29.07.07.

Змей

Полдень знойный, луг просторный,
Змей летает надо мною,
Два больших зелёных глаза,
Развевающийся хвост.
Я со змеем этим связан
Тонкой крепкой бечевою,
Я тянусь за ним рукою,
Я немножечко подрос...

Ничего не предвещало
Перемены в ясном небе,
Ниоткуда вихрь примчался,
Змей, мой змей, рванулся ввысь,
Улетел, хвостом виляя,
И пропал, как будто не был,
Может, где-нибудь разбился,
Может, стал одной из птиц...

Ветер стих, но отчего-то
На душе тревожно стало...
Счастье мне давалось в руки,
Я держал его за нить.
То ли в чём-то я ошибся,
То ли шансов было мало...
Что случилось – то случилось,
Значит, так тому и быть.
5.07.06.

Хотел стать пилотом

«...и блеск самолётного тельца...»
Ирина Гольцова

Родившись едва,
Не час и не два
Смотрел и не мог наглядеться
На лёт мотыльков,
На ход облаков,
На блеск самолётного тельца.

С годами подрос,
Но мучил вопрос,
Как это такая громада
Гудит-тарахтит
И бодро летит
По небу туда, куда надо.

Потом возмужал
И даже штурвал
Сжимал полминуты однажды,
А лайнер летел...
Пилотом хотел
Стать в детстве, конечно же, каждый!
30.12.06.

Рисовала девочка мелком

Как помнятся мельчайшие детали
когда-то мной подсмотренных картин…
Один я видел их, лишь я один –
ни в школе, ни в семье о них не знали.
Их рисовала девочка мелком
на стенке дома, что стоял напротив.
Лишь позже я узнал – Буонарроти
Микеланджело хорошо знаком
был ей. Недолго жили те картины –
всего лишь день. Я знал, что поутру
картины эти дивные сотрут…
Хотелось докопаться до причины
такого варварства. Не знаю до сих пор –
зачем стирали… Для картины новой
стена освобождалась? Нас тесовый
с той девочкою разделял забор.
Я место выбрал под кустом сирени,
смотрел через отверстие в доске,
как крошится мелок в её руке,
как удлиняются к заходу Солнца тени…
16.01.07.

Старые кирпичи

Я люблю кирпичи этих старых домов
в переулках, сбегающих к морю.
Вот – отметина пули, а рядом – клеймо
и поблизости – точно такое.
Кирпичи эти необычайно прочны –
раньше делать умели на совесть,
пережили пожары они, две войны,
каждый мог бы роман или повесть
рассказать об увиденном. Тут Мандельштам
проходил, опечален судьбою.
В сорок третьем на этой стене написал:
«Мин здесь нет!», - рядовой Воскобоев.
В кирпичи полукруглой подпорной стены
бил, в «пристенок» играя, монетой
я когда-то... Где нынче друзья-пацаны?
Детство послевоенное, где ты?
Рушат старое... Что же возводят взамен?
Терема, небоскрёбы, бунгало...
Я не рад, что дожил до таких перемен.
Что со старым Воронежем стало...
5.08.09.

* * *

Старый город... Не старый – родной,
ты запомнился мне мелочами,
что увидел я в самом начале,
в раннем детстве. С тех пор их с собой
я ношу... Ностальгия? Конечно!
Не случайно в чужой стороне
шапито вспоминаются мне
и катанье на лодке по речке,
от которой теперь и следа
не осталось – загублена «морем»
рукотворным... Кто думал, что горем
обернётся большая вода...
Старый город, в стихах, на полотнах
ты остался и – в сердце моём.
Мы друг друга с тобой узнаём,
несмотря на уродцев высотных,
уничтоживших сквер, рощу, сад;
несмотря на отказ от трамвая...
О тебе я грущу, сознавая,
что уже невозможен возврат...
6.08.09.

Помню стихами

Я всё позабыл, но когда-то
у бабушки, очень давно
варенье я ел, аромата
волшебного! Некая дата
на банке… Влетали в окно
голодные жёлтые осы.
Далёких колёс перестук…
Сестрёнку я дёргал за косы…
Пиратский корабль, альбатросы
в альбоме моём… Долгий звук
летящего над облаками
в Москву тихохода «Ли-два»…
За домом бугор, лопухами
заросший… То время стихами
я помню, но помню едва…
18.03.06.

* * *

В детстве ёлки были выше,
слаще не было конфет,
со Снегуркой добрый Дед
приходил… Из детства вышел
насовсем давным-давно,
но люблю я праздник этот
с запахом еловых веток,
с разрисованным окном,
с подведением итогов,
с миражами перспектив…
Коньячку в хрусталь налив,
встретил год, и – Слава Богу!
11.01.11.

* * *

Перекаты, плёсы, повороты
с дугами песчаных жёлтых кос,
старицы в кувшинках – здесь я рос.
Поутру нехитрые заботы:
встать пораньше, выпить молока
и – на речку по тропинке росной…
Жаль, что часто просыпался поздно,
но ждала меня моя река.
Табунки уклеек черноглазых,
Стайки краснопёрых окушков…
До чего же было хорошо!
Научился подсекать не сразу…
Упустив огромного язя,
Час ревмя ревел я от обиды…
Речку загубили пестициды
много позже… Возвратить нельзя
ничего, но речка та со мною.
Плоскодонка… Ветхие мостки…
Сонный плёс… Уклеек табунки…
По-над берегом камыш – стеною…
  15.02.09.

На вид был я мальчик робкий

Уже не до логики в драке –
сила ценна, реакция.
Ударили – надо драться,
забыв о боли и страхе.
Тактика – в опережении,
надежда слаба на подмогу…
Потом, поостыв, можно Богу
спасибо сказать… Сражение
кончится рано ли, поздно.
Отбился… Фингал под глазом…
И я ему славно вмазал!
Не сдрейфил, это – серьёзно.

На верхней губе виден шрамик,
поставить пришлось мне скобки…
На вид был я мальчик робкий,
проблемы подкидывал маме…
27.03.09.

Квадраты мелком на асфальте

Фаине

По улице детства проходишь неспешно, степенно,
шаги замедляешь, увидев - мелком на асфальте –
квадраты… Попрыгать по «классикам» хочется! Платье
длинно чересчур… Каблуки… Помнят старые стены,
как лихо скакала девчонка на тоненькой ножке,
как с тихой улыбкой рекорды дворовые била…
Как всё не решалась сказать: «Я люблю тебя, милый!», -
соседу по парте чудесному парню Алёшке,
а он, то гонял голубей, то воздушного змея
пускал за сараями. Змей поднимался всё выше…
Алёшка часами сидел с пацанами на крыше…
Девчонке хотелось, чтоб он поиграл вместе с нею…
Но прыгать на ножке – совсем не пацанское дело –
он мимо девчонки ходил, как всегда, - руки в брюки
(в карманах: монеты, патроны и разные штуки)…
Побольше полсотни годков с той поры пролетело…
Квадраты… Попрыгать по «классикам» хочется! Платье
длинно чересчур… Каблуки… Посидеть не мешает
часок на знакомой скамейке, укутавшись в шали.
Ах, эти квадраты… Квадраты - мелком на асфальте…
2.03.10.

* * *

На берегу реки неторопливой
давно я не валялся на песке…
В заморских странах побывать успел,
и кактусы я видел, и оливы,
колибри – птах, размером со шмеля,
и гейзеров кипящие фонтаны,
и дремлющие до поры вулканы…
Загадочна далёкая земля –
иные запахи, иные звёзды
и у людей иной менталитет,
но там неторопливой речки нет…
Насколько это для меня серьёзно,
лишь мне судить - оттуда родом я,
с того, рекой промытого, песочка
следов моих и потянулась строчка,
там первого поймал я пескаря,
с обрывчика там сиганул без страха
и воду бестолково молотил,
и стал тонуть, но кое-как доплыл…
И оплеуха со всего размаха
от взрослого, что бросился за мной, -
спасать… А после слёзы от испуга –
дошло, чем рисковал. И гибель друга,
спустя три года – утонул зимой…
Река, как будто, та же и не та же,
обрывчик превратился в бугорок…
Навстречу – загорелый паренёк…
Следов цепочка на пустынном пляже…
31.01.09.

Вишнёвое варенье

Вишнёвого варенья аромат
мне каждый раз напоминает детство...
Жила старушка с нами по соседству,
а перед домом рос вишнёвый сад.
Ну, сад – не сад, а парочка нестарых
кудрявых вишен, видевших войну.
Как выжили деревья? Не пойму,
как не пустили бравые мадьяры
их на дрова? Местами на коре
остались шрамы. Капельки камеди
из ран сочились... «Заходи, соседи!», -
старушка обращалась к детворе.
И – пир горой! Кто пошустрей – на ветки!
На пальцах и губах вишнёвый сок...
Накушался, хозяйке – в туесок.
Тимуровцами были мы соседке...
Три года, как закончилась война.
Три похоронки к ней пришли оттуда.
Два сына, муж... Надеялась на чудо.
Но только добавлялась седина...
Варила вишню...Сахарку-то мало...
В один заход... Варенья аромат
двор заполнял! Мы заходили в сад –
старушка пенки нам всегда давала...

Вишнёвого варенья аромат
мне каждый раз напоминает детство...
Жила старушка с нами по соседству.
А было ей всего лишь пятьдесят...
18.01.10.

Мамина рука

Ночь глубока, но снова мне не спится,
Назад пытаюсь в детство заглянуть…
Опять жуют донскую воду плицы,
Над головой – безбрежный Млечный Путь…

Старинный Павловск, пионерский лагерь…
Есть хочется… Когда же там обед?
Линейки, горны, барабаны, флаги…
Альбом рисунков… Мне – двенадцать лет…

За старицей душистая малина,
В воде щурята, как карандаши…
Вожатая с косой роскошной – Нина…
Влюблён, но для неё мы – малыши…

Домой, покинув меловые скалы,
Идём по Дону… Дивная река…
И снова поправляет одеяло
Заботливая мамина рука.
12.12.04.

* * *

Рядом, всего лишь - рукою подать,
детство моё – невозвратное прошлое…
Так мы устроены: помним хорошее.
в память свою ненадёжную гать
часто мощу через топи предательства,
с кочки на кочку – туда, к озерцам
чистым, прозрачным… Наивный пацан,
как же легко брал тогда обязательства,
как опрометчиво верил словам
взрослых и как я тянулся за взрослыми…
Как я потом задавался вопросами…
Как я ответы нащупывал сам…
Так мы устроены: хочется очень нам
в детство, к чистейшей воды озерцам.
Взгляд сквозь года… Отраженье лица…
Чем-то серьёзно оно озабочено…
25.05.08.

* * *

Без надежды на встречу иду я назад
вновь и вновь переулком знакомым.
Тридцать лет… Сорок лет… Пятьдесят… Шестьдесят…
И ещё, и ещё…
                        По-иному
каждый раз прохожу. Неизменно одно –
небольшое, с простой занавеской
миражом появляется в детство окно.
Кто за стёклами – мне лишь известно…
Никого не осталось – ушли на покой,
вместо дома – чужие хоромы.
Занавеска чуть сдвинута чьей-то рукой…
Кто там: я или дедушка хромый?
Или бабушка высмотреть хочет меня
во дворе и напомнить про ужин?
Не до ужина мне – пятаками звеня
мы в «пристенок» играем…
                        Мне нужен
этот, в прошлое, путь, этот взгляд на окно,
ожидание, что из окошка
крикнут: «Витя, домой!»
                        Как когда-то давно,
я – в ответ: «погуляю немножко…»
4.06.08.

* * *

Переулок крут. Мы неслись
по нему на санках со свистом!
Очень жаль - промелькнуло быстро
беззаботное детство… «Брысь!» -
говорю я кошке трёхцветной,
повстречавшейся на пути.
Переулком детства пройти
надо мне. Что я к кошке этой
прицепился? Глупых примет –
пруд пруди… Но, на всякий случай,
пережду чуток. Вяз могучий
рос вот тут. Теперь его нет…
В три окошка домик с крылечком –
от него мы с горы разгон
начинали… Врос в землю он.
Укатив далеко далече,
я вернулся. Не так уж крут
переулок, как мне казалось…
Сколько лет пронеслось-промчалось…
Сколько лет. Здесь меня не ждут…
8.06.08.

Шлюпка «Мечта»

Белые лодки на синей воде.
Горы и домики под черепицей.
Порт. Рыбаков загорелые лица...
Как мне тельняшку хотелось надеть,
с дядей на шлюпке идти за ставридой
в море, качаться на лёгкой волне...
Не получилось. Тогда было мне
мало годков... С затаённой обидой
день проводил на горячем песке.
Камушков плоских бросанье с отскоком...
Гул самолётика в небе высоком...
Танкеров медленный ход вдалеке...
Дядя всегда возвращался с уловом,
Шлюпка его называлась «Мечта»!
Пенилась береговая черта...
В городе том черноморском портовом
не был полвека. Судьбой разлучён,
помню и синюю воду, и лодки,
перебирая по памяти чётки
ярких событий из давних времён.
16.07.09.

* * *

Как мало понимаем мы в игрушках,
от детства оттолкнувшись, повзрослев…
Как дорог был мне старый рыжий лев,
заштопанный на брюхе, как я слушал
густое завывание юлы,
как рад был долгому её вращенью,
как не было предела огорченью,
когда всего лишь горсточка золы
осталась от модели каравеллы
трёхмачтовой – шёл настоящий бой
на зеркале большой дворовой лужи,
наш караван врагом был обнаружен,
и с берега ответили стрельбой
из поджигных… Прямое попаданье,
пожар. Пороховые погреба
рванули… Невесёлая судьба
у экипажа каравеллы… С Таней,
соседской девочкой игра в песке,
немыслимых скульптур сооруженье
часами и, назло ей, разрушенье
чуть позже… От беды на волоске
игра с неразорвавшейся гранатой.
Другим досталось… Чудом уцелев,
улёгся спать. Со мной в обнимку лев,
набитый, как узнал я позже, ватой…
7.12.06.

Был дворовым чемпионом

Алёне Подобед

Поиграю «в ножички» с тобою.
Где там завалялся мой складной?
Мне сидеть на корточках, не скрою, -
сложновато. Что-то со спиной…
На колени. Я, считай, полвека
не играл… Давай, начертим круг…
«Жошки», «ножички» - вся игротека
тех, пятидесятых, милый друг…
Очень подходящая площадка.
Камушки и палочки - долой!
Правила озвучим, для порядка…
О, да ты, я вижу, не впервой!
Отсекаешь хладнокровно, ловко
за куском кусок моей «земли»…
Забирай свой выигрыш, «воровка»!
Славно мы с тобою провели
состязанье. Двор послевоенный
я припомнил… Нет, я встану сам!
Ерунда – запачканы колени…
Что-то там стекает по усам…
Вижу: люди смотрят – что за пара?
Ты стройна, чертовски молода!
Рядом – старый, безнадёжно старый…
Знаешь, милая, ведь я всегда
первым был – дворовым чемпионом,
с этим самым ножичком складным…
«Брют» - за мной. Люблю – с хрустальным звоном!
Где с тобой сегодня посидим?
11.04.08.

Нет Пегаса

Возникает из памяти зыбкой
старый мерин по кличке Пегас,
я ему рафинаду припас -
он ко мне повернётся с улыбкой
желтозубой. Но брошенный взгляд
так печален, глаз так фиолетов...
Этот взгляд тронул стольких поэтов!
Сколько новых стихов посвятят
вороным и гнедым, и буланым...
Нет Пегаса давно, в горле ком...
Не попотчую я сахарком,
зря его рассовал по карманам.
....
Нам Пегас привозил молоко,
он стоял, отдыхая, в тенёчке
и не знал, что появится в строчке
ностальгических этих стихов...
24.04.07.

Билетик на счастье

Фонтан, скамейки - сквер... Здесь был **базарчик раньше**,
Торговля – шум и гам, вверху вороний грай...
У входа свой вальсок наигрывал шарманщик,
Смотрел бразильский сон зелёный попугай...

Мне счастье предлагал бессовестный обманщик,
Полтинник заплати – билетик открывай...
Но не сбывалось то, что обещал шарманщик,
Совсем не тот билет совал мне попугай.

Теперь я знаю сам о том, что будет дальше –
И опыт накопил, и недалече край...
Всё тот же на углу задумчивый шарманщик,
Всё тот же на плече облезлый попугай...
15.7.06.

* * *

Не осталось городского неба -
крышами домов оно зажато.
Жалкий клок, не увидать заката…
Как давно на хуторе я не был…
Взять бы и уехать на денёчек
от цивилизации подальше.
Там ни лжи, ни суеты, ни фальши…
На крылечке сесть, дождаться ночи
и считать мерцающие звёзды,
вспомнив детство, пальцы загибая…
Небо там от края и до края…
Надо съездить мне, пока не поздно.
2004.

От любви до вражды

Эти песенки, эти словечки
и вечерних цветов аромат,
и тепло остывающей печки -
ах, как хочется в детство, назад...
Еленгеев и Рехвиашвили,
Фридман, Ятло, Алиев, Сахно -
в классе и во дворе не делили
на «своих» и «чужих». Всё равно
было нам, пацанам, кто откуда,
кто кудряв, кто черняв, кто раскос.
Мы предателя звали – Иуда,
был он грек ли, узбек... Тот вопрос,
на который попозже ответы
все мы ставили в пятой графе,
нас не трогал. Значки и монеты,
марки, ножички, книжки... В кафе
нас тогда не водили за ручку,
без кафе жили в те времена,
но уверены были, что лучше
жизни нет. Только наша страна!
Только наша Москва и Победа!
Только наша дорога вперёд!
Сколько лет с той поры... Я не ведал,
что озлобиться может народ,
что рассорятся сёстры и братья,
станут «пятые пункты» важны...
Как легко от объятий к проклятьям,
только шаг от любви до вражды...
26.2.06.

Вспоминая март пятьдесят третьего

Вождь умер. Пионеры в галстуках
застыли, салютуя бюсту,
в истерике училки бьются,
технички причитают жалостно…
Потеря. Горе неутешное.
По всей стране - мероприятия…
А нам отменены занятия,
и мы довольны этим, грешные…
Развенчан будет возвеличенный,
его злодейства подытожат.
Но к этому приступят позже,
а нынче скорбь страны в наличии.
А сколько будет душ погублено,
затоптано в прощальной давке…
Потом – игра, в которой ставки
так высоки. Нет, власть не куплена –
взята нахрапистым «наследником»…
Но бюсты Кобы и портреты
припрятаны до срока где-то
с надеждой, что умрёт последнею…
4.11.09.

Доброй песенки мотив

Есть, что вспомнить, есть кого
помянуть – прошелестело
столько лет... Нажил врагов,
ошибался - было дело.
В этом я не одинок,
путь у каждого извилист.
Жизненный мотая срок,
посерьёзнел, изменились
вкусы, малость поостыл,
въедлив стал и осторожен,
бережлив – остаток сил
невелик, но всё же, всё же...

Доброй песенки мотив
той, что про весёлый ветер,
возвращает в детство... Жив
папа. На большой конфете -
мишки. Хрусткая фольга.
Вкусно! В шоколаде губы.
Память детства дорога...
Позже сквозь огонь и трубы
довелось пройти, сполна
было и побед, и лиха.
Вновь «...а ну-ка песню нам...» -
издалёка. Тихо-тихо...
29.07.07.

«Есть в памяти о детстве прочный тыл
и пряный запах молока и сдобы...»

Илья Цейтлин

* * *

На пряный запах молока и сдобы
в стихах наткнулся и попал назад,
решительно отбросив шестьдесят
годков, - в сорок седьмой... Как сделать, чтобы,
оставшись там, пройти другим путём,
располагая перечнем ошибок...
Успеть спасти аквариумных рыбок,
на поле боя не играть с огнём,
не трогать эти ржавые гранаты
и не калечить из «воздушки» птах,
и ставить жирный крест на именах
тех, кто предаст потом, в семидесятых...
Как редко доставалось молоко,
а сдоба появилась много позже...
Я вспоминаю, долгий путь итожа,
что в трудном детстве было так легко!
11.12.07.

На детство оглянусь

Защемит слегка под бой курантов,
и в бокале растворится грусть
россыпью воздушных бриллиантов –
пузырьков… Назад, без вариантов,
я на детство тихо оглянусь…

Вспомню праздник, маленькую ёлку
и шары из толстого стекла,
новую пистонную двустволку
(я от радости весь вечер щёлкал)
и пирог, что бабушка пекла…

Плоские игрушки из картона,
серпантин, снежинки из фольги,
хрипловатый голос патефона,
и щелчок последнего пистона…
- Бабушка, раздеться помоги!

Внуки за горами, за морями
без меня встречают Новый год…
Ёлка с разноцветными огнями…
Санта Клаус едет к ним с санями,
полными подарков… Набран код…
- Как вы там? Считайте, что я с вами…
5.01.09.

4. Батюшка Дон

Донник

Душистый донник – вольная трава,
Под ветерком ты стелешься волною,
Есть что-то между мною и тобою
Такое, уловимое едва…

Есть что-то от протяжной старой песни,
Которую я вновь и вновь готов
Петь, сознавая, что не знаю слов,
Но лишь в степи, с тобою, донник, вместе…

Полупрозрачны облака висят
Над Доном, утомлённые жарою…
Пою, и донник стелется волною
В такт песне, источая аромат…
20.4.06.

Полегли ковыли

Ветер ленив, летний зной нестерпим,
сникли валы ковыля...
Марева волны дыханью степи
вторят. В морщинах земля...
Трещины рвут чернозёма пласты –
засухи норов суров.
Лижет дубравы Засечной черты
пламя. Скелеты стволов,
к небу воздев в безутешной тоске
сотни обугленных рук,
просят дождя... Миражом вдалеке
видится озера круг,
берегом – сочной осоки кайма,
лодочка режет волну...
Впору сойти потихоньку с ума...
К озеру тянет, к нему!
Снимет усталость с натруженных ног
(лишь бы добраться!) вода...
Но к миражам нет ни троп, ни дорог -
их не достичь никогда.

Шаг прибавляю, но тает вдали
озеро. Было и – нет...
Зной нестерпим. Полегли ковыли.
То ли - мираж, то ли - бред...

4.08.10.

* * *

Почему тропинка через луг
пробегает змейкой – не прямая?
Чтоб тебе ромашка луговая
на глаза попалась, чтобы вдруг
васильков ватага синеглазых
повстречалась. Приостановись.
Слишком быстро пролетает жизнь…
Всё же есть какой-то высший разум,
тропку проложивший по лужку,
донник разбросавший и цикорий,
васильковое разливший море,
под уклон текущее к ложку…
Поклонись цветам, нарви букетик,
под берёзкой сядь, сплети венок.
Как изящен полевой цветок…
Как приятно жить на белом свете!
9.01.07.

Жизнь донника

Донника пахучего кусты
По простору вольному донскому,
Зноя полуденного истому
До конца с собою носишь ты...

Донник жизнь живёт не для себя –
Пчёлы и шмели летят на запах
За нектаром. Ночь на мягких лапах
Подкрадётся, звёзды заблестят...

«Спать пора...» - кричат перепела.
Ночью отдохнуть, конечно, надо,
Но не сразу подойдёт прохлада –
Жар дневной земля не отдала...

А наутро – снова аромат
По-над степью! Время медосбора.
Жизнь цветов закончится не скоро.
Пчёлы - работяги всё летят...

Толика засушенных цветов
В самосад добавит аромата...
Пчёлам он давал нектар когда-то,
Умерев, себя дарить готов...
19.07.11.

Костёнки

Заросли лебедою дворы,
заколочены наглухо окна…
Мало что из далёкой поры
помню… Будто истёрлась, поблёкла
в недрах памяти та акварель,
обожжённая солнечным светом…
Снег сошёл, и весёлый Апрель
наступил, жарко было, как летом…
Дон. Костёнки. Большая вода.
Клочья пены в кустах краснотала…
На берёзе устройством гнезда
занята птица чёрная… Мало
лет мне было тогда, в ту весну,
много лет с той поры пролетело…
Ничего я уже не верну…
Что-то помню. Нечётко… Несмело…
19.1.05.

Павловск

Мне картинки из детства не забыть, не стереть.
Город Павловск уютный на реке Осередь.
От старинной церквушки робкий слышится звон,
два чумазых буксира тянут баржи в затон.
На песке у причала плоскодонки лежат.
Над водою метелью однодневки кружат.
Остров, лесом поросший, а за островом – плёс.
На пароме телега, люди тянут за трос.
Часто кашляя дымом вверх по Дону идёт
деревянный колёсный старичок-пароход.
Ночь. Я с мамой в каютке размером со шкаф.
Волны, бакены, звёзды – как жизнь хороша!
Огоньки деревеньки на крутом берегу.
Всё смотрю в темноту и уснуть не могу…
Мне картинки из детства не забыть, не стереть.
Пароходик колёсный. Дон. Река Осередь.
2003

По домам

Будоражат воду плицы -
это борется с теченьем
пароход. Идём вечерним
рейсом в Лиски. Сзади птицы
вьются. Нам эскорт крылатый –
не по чину, - на халяву.
Крут у Дона берег правый –
белый, меловой. Когда-то
в скалах сделаны пещеры,
долго их монахи рыли...
Скалы небыли и были
помнят... Едут пионеры
по домам. Остался лагерь
в Павловске. Костры, линейки,
краснопёрки и уклейки -
на уху... Дежурства...Флаги...
Ночь. Пора и по каютам,
но, куда там – небо в звёздах!
Пароход пыхтит колёсный...
В Лиски прибываем утром...
3.08.08.

Без сома

Как неспешно течение Дона,
Проходящего возле Мамона,
Как в июне тепла вода…
Спозаранку на велике старом
Еду к омуту под крутояром,
Там берутся сомята всегда…

Под обрывом кружит теченье,
Подмывая кустов коренья,
Снасть утягивая в глубину.
Ветерок шелестит: «Удачи!»
Отвечаю: «А как иначе?»
Тишина. Я пока вздремну…

Колокольчика звон сквозь дрёму.
Разморило. По окоёму
Раскалённого марева дрожь…
Зазевался – проспал добычу.
С крутояра к обеду кличут…
Без сома в этот раз, ну так что ж…
 29.04.06.

У фонтана Треви

Мне верится - приеду в Рим ещё.
Как полагается, спиной к фонтану
поближе стану, денежку достану,
не глядя, через левое плечо
заброшу… Подойду к карабинеру –
он в полдень жмётся в жиденькую тень.
Скажу ему по-русски: «Добрый день!»
и - о жаре, несносной, зная меру…
Разговоримся. Услыхав про Дон,
он оживится, вспомнит: дед когда-то
дошёл до той реки в войну солдатом,
в окопах мёрз, а после был пленён.

Дон прячет итальянские монеты…
В фонтане их - как рыбья чешуя.
Залогом возвращения – моя.
Я в Рим опять приеду, верю в это!
  23.02.08.

* * *

Из детства камушки... Лихой бросок,
и камушек летит по водной глади!
Отскок, отскок, отскок, отскок, отскок...
Ныряет... Возвратите, Бога ради,
мне берег речки, верных пацанов
и камушки! Азартная затея:
бросать – кто дальше, и считать... Не нов
сюжет, и нынче вспомнил не затем я
про то, как плоский камушек не вдруг
скакал под счёт, как ставились рекорды –
вчера ушёл из жизни старый друг,
из той ватаги он уже – четвёртый...
Вот камушек. По-прежнему верна
рука. Бросок... Уменье не забыто.
А дальше – камнем вниз. И – глубина...
И плиты, плиты, плиты, плиты, плиты...
22.07.08.

* * *

Запустенье и ветру раздолье,
Колыхание волн ковыля…
Ах ты полюшко, русское поле,
Исстрадалась по плугу земля.

В палисадниках мальвы пропали -
Лебеда, да колючий репей
Задушили. Дома обветшали,
Ни хозяев в них нет, ни гостей…

Лишь в овражке под старой ветлою
Родничок, как и прежде, поёт,
Но за чистой, студёной водою
По тропинке никто не идёт.
22.01.05.

Прощание с Доном

С каждым днём заметно холодает.
Солнце, словно, нехотя, встаёт.
В вышине беззвучно пролетает
Еле различимый самолёт.

Светятся окошки в ветхих хатах…
На погосте рядом: крест, звезда…
Тихий Дон шумит на перекатах,
Пенится упругая вода…

Обнажая меловые горы
Лист с деревьев начал опадать,
А за Доном – степь да степь, просторы…
Где найдёшь такую благодать!

Там овечьи тропы на откосах,
Там трава по пояс на лугах,
Там кувшинки плавают на плёсах,
Там шуршит камыш на берегах…

Разведу костёр и молча сяду
У реки на низком берегу.
Дым костра, речной воды прохладу
В памяти надолго сберегу…

Край донской, тебя покину скоро –
Еле различимый самолёт,
Пролетая над степным простором,
В Новый Свет меня перенесёт.
2003

5. Мой город

Слушай город

Слушай город, он тебе готов
откровенно многое поведать,
рассказать о радостях и бедах,
хоть не знает человечьих слов.
Впрочем, так ли много значит слово?
Он устал, душа его болит...
Ощущаю рваный, нервный ритм
я в структуре шума городского...
Мчащихся авто звериный рык,
визг колёс на перекрёстках бойких,
скрежет монстров на высотных стройках,
это – мегаполиса язык.
Слышится мне в бормотанье ветра
вздох протяжный и негромкий стон,
чудится в аллеях шёпот крон...
Строчки переулков и проспектов
город разрешает мне читать,
пульс даёт пощупать на вокзалах...
О себе так много рассказал он...
Может, доверяет мне, как знать?
28.10.09.

* * *

Мегаполиса гонки и пробки,
подворотен вонючие глотки,
баснословные цены за сотки,
на которых теснятся коробки…
Не трава-мурава – заменитель,
за минуту раскатка рулона…
Как от этого псевдогазона
до лужка, настоящего… Житель
городской, нет, скорей, - заключённый…
Осуждён за провинность какую?
По траве-мураве я тоскую…
Запрокинуться… Эх, да о чём мы
всё мечтаем, влекомы толпою.
Каждый в ней по отдельности, мимо…
Подворотни и пробки - терпимо…
Поваляться? Бог с нею, с травою…
25.05.08.

Каменный мост

Помнишь, как я тебя перенёс
на руках через Каменный мост?
Он тогда был совсем зауряден.
как мы молоды были! Не глядя
на всё то, что творилось вокруг,
мы спешили. Сплетение рук,
вздохи, взгляды, слова, поцелуи…
Помнишь наши апрели, июли?
Помнишь встречу случайную ту?
Мы стояли с тобой на мосту.
Мимо нас через Каменный мост
на руках парень девушку нёс…
10.02.07.

* * *

Завалены, затоптаны, затёрты,
задушены сияющим новьём
следы былого. Так ли мы живём?
Из прошлого безмолвно к нам простёрты
ладони тех, кто проживал до нас
по этим адресам в домах, которым
не повезло – под снос... Легки и скоры
мы на подъём... Крылечек и террас,
наличников резных и палисадов
не встретишь в мегаполисе – жесток
и холоден он. Хоть бы уголок,
кусочек милой старины... Не надо,
как видно, это нынче никому.
Конструктивизма мёртвые панели,
стекло, бетон... Мы слишком преуспели
в стремлении отбросить старину.
15.08.08.

* * *

Город у меня ворует небо,
чистый воздух… От него, взамен,
получаю множество проблем,
непростых, увы… Но, где б я не был,
возвратиться поскорей домой
хочется. Обиды позабыты…
Я спешу к разбитому корыту
в город, мне подаренный судьбой.
5.02.08.

* * *

Домики-коробки.
Кто их строит? Люди…
Выносить за скобки
никого не будем –
виноваты сами,
что живём стеснённо,
разрушая память,
строим из бетона
крепостные стены,
небоскрёбы-башни…
Виноваты все мы
в том, что стало страшно
находиться в чреве
домиков-коробок…
Протестуем в гневе!
Только гнев наш робок…

Домики-коробки.
Кто их строит? Люди…
Выносить за скобки
никого не будем.
7.11.09.

Камень памятный

у памятника детям,
погибшим в Воронеже 13 июня1942 г.

В чистом небе самолётик –
крестиком. Винтов круги.
Боже правый, помоги –
дети собрались на слёте!
В окуляр прицела взгляд…
Щёлкнут створки бомболюка…
Бомба – в цель! Война – подлюка…
Время не течёт назад –
рухнет с неба злая сила…
Сотни бездыханных тел…
Крики тех, кто уцелел…
Из воронки - вонь тротила…

Сделав дело, самолётик
заложил вираж крутой…
Камень памятный. Постой...
Вспомни тех, кого на слёте –
бомбой... В чём же их вина,
пионеров и вожатых,
вместе и отдельно взятых?
Будь ты проклята, война!
11.06.08.

Лицо теряют наши города

Как мало остаётся уголков,
которые стремительное время
пока щадит, но приговор суров:
для мегаполиса они – обуза, бремя,
досадный нонсенс и анахронизм,
среди стекла-бетона им не место…
Исчезнут эти ставни и карниз
наивные, но вот что интересно, -
с ушедшими исчезнет навсегда
дух времени, пусть еле ощутимый…
Лицо теряют наши города.
Как много их, потерь невосполнимых…
31.10.09.

* * *

Ах, эти старые дворы,
где все про всех, и даже больше...
Пусть не меняется подольше
в них ничего, пусть детворы
не умолкает визг и гомон,
пусть у подъезда чинно, в ряд,
бабульки, как всегда, сидят,
пускай рябины возле дома
к зиме готовят снегирям
плодов оранжевые грозди,
пусть письма почтальон приносит
почаще старым матерям,
пусть в письмах о плохом - ни слова...
Как хорошо мне было тут!
Дом через год-другой снесут,
и чья-то жизнь начнётся в новом...
28.6.06.

Тот трамвай

Назад вернуться лет на сорок –
в тот август шестьдесят восьмого,
чтоб двадцать пять мне было снова.
Ты знаешь, чем тот год нам дорог...
Мы выбирали: «или – или»,
и не ошиблись, слава Богу.
Любовь была, и нас не трогал
тот факт, что русские входили
на танках в Прагу – помощь чехам
от происков... В крови брусчатка...
Для наведения порядка –
стрельба... Трамвай под горку ехал
полупустой. Мы обнимались
с тобою, стоя на площадке.
Любовь... С нас были взятки гладки.
Скользила в чьих-то взглядах зависть...

Любовь и танки – так совпало,
в календарях про нас – ни слова,
про танки там... А я бы снова
в трамвай тот сел, и чтоб – с начала...
25.07.08.

* * *

Невидимы вокруг меня круги,
но знаю я – очерчены границы,
их не переступить, не удалиться
за их пределы. Робкие шаги
я раз за разом предпринять пытаюсь
и ухожу... Туманный горизонт
не приближается... Какой резон
в уходах этих? Тихо возвращаюсь
назад на территорию свою,
туда, где всё до мелочей знакомо,
но каждый раз, оказываясь дома,
я что-то в нём впервые узнаю.
16.06.06.

Одинокая птица

Птица спит на ветке одинокая
рядом с ярким ртутным фонарём,
налеталась, бедолага, днём…
Выбрана берёза невысокая
ею возле моего окна.
Перед сном кивнёт мне, как обычно,
с нею мы давно знакомы лично,
мне она, как будто, не нужна,
но одолевает беспокойство,
если нет её в урочный час.
Чем-то привлекают птицы нас…
Стыдно мне за детские «геройства»:
за рогатки, разоренье гнёзд,
на весёлых воробьёв охоту…
С этой птицей нас связало что-то…
Спит, не отвечает на вопрос.
12.10.06.

* * *

Город, умытый дождём,
утречком смотрится в лужи,
рад, но немного сконфужен –
пятна, подтёки… А днём,
еле сдержав раздраженье -
пробки достали и смог, -
вспомнит с улыбкой, что смог
видеть своё отраженье…
8.01.10.

* * *

Зал филармонии, ряды уютных кресел…
Взмах палочки, и - звуков волшебство…
Сегодня – Моцарт, светел, лёгок, весел.
Через века я чувствую родство,
мне кажется, меня он знает тоже,
со мною задушевно говорит
о том, как мир многострадальный сложен,
о том, что испытать нам предстоит…
Всё это так легко, непринуждённо
пропел чистейшим голосом кларнет,
а дальше – альт… Родство, определённо
сердец ли, душ… Пусть доказательств нет,
слова мои останутся словами,
но в кресле рядом – Вольфганг Амадей
сидит в камзоле красном с кружевами
пришёл на встречу с музыкой своей.
10.2.06.

На конечной мне выходить

С детства песни знакомой ритм
Отбивает трамвай на стыках…
Раньше мчал по маршруту лихо,
А теперь подолгу стоит.

Подарил улыбку вожатый,
Отвечаю ему кивком -
С ним полвека уже знаком,
Знает: мне - до конечной надо…

Отбивают колёса ритм,
Чуть качает на поворотах…
Жизнь прошла в трудах и заботах…
На конечной мне выходить…
2.10.10.

6. Они ушли

Не прожить по-иному

Я ушедших встречаю во снах и беседую с ними,
А наутро пытаюсь понять содержание этих бесед...
Так же буду и я приходить – ничего невозможного нет,
Приходить только к тем, кто моё появление примет.

Не надеюсь, что будет назначен заранее перечень тем,
Что тот перечень будет смотрящими сны согласован.
Постою в отдалении с робкой надеждой, что снова
Позовут навестить просто так, позовут неизвестно зачем...

Я ушедших встречаю во снах, возвращаясь к былому,
То подолгу зову, то являются сами, порой, невпопад.
Раз за разом, встречаясь с ушедшими, к ним возвращаюсь
назад –
В эпизоды, которые нам не прожить по-иному...
14.07.10.

Зеркало

Большое зеркало старинного стекла,
В углу пятно на тусклой амальгаме.
Когда-то бабушка его в дом принесла,
Потом оно принадлежало маме.

Люблю я в зеркало смотреться при свечах,
Когда нечётко отражение, размыто.
Мерещится мне взгляд из-за плеча,
Чей - не понять, всё в полумраке скрыто.

Как будто, смотрит кто-то на меня,
Пытаясь разобрать кто я, откуда,
Как будто бы, старается понять,
Как я живу... Мешать ему не буду.

Внимаю шорохам вечерней тишины
И вот уже себя почти не вижу,
А те глаза ко мне устремлены,
Они, как будто, даже стали ближе...

Я задремал, наверно, в самом деле,
На отражение своё бросаю взгляд.
А, может, те, кто в зеркало смотрели,
По очереди на меня глядят?
2002

Зона тишины

Кресты, ограды… Зона тишины
и всеобъемлющей вселенской грусти.
Жизнь каждого когда-нибудь отпустит
туда, где все свободны и равны.
Печаль и ощущение вины…
Здесь место для признаний запоздалых,
здесь слёз, струящихся из глаз усталых,
живущие стыдиться не должны…

По одному приходим мы сюда,
не только для того, чтоб повиниться, -
здесь чётче в памяти всплывают лица,
ушедших безвозвратно, навсегда,
здесь, в тишине, их голоса слышней -
о нас, живущих, в них сквозит забота…
Внимательно с поблекших старых фото
глядят родители из прошлых дней…
31.05.09.

Нет деревни

Яблоки антоновские, их
было столько, что ломались ветки,
воробьи под крышею беседки,
шебутные, и дурацкий стих
тот, в котором «ехала деревня…», -
мы над ним смеялись от души…
Бабушку просили: «Разреши
на полянку…». Там росли деревья
в два обхвата, а в траве густой –
россыпи душистой земляники…
Мельтешили солнечные блики…
………………………………..
Вот поляна. Но деревни той
больше нет – уехала куда-то,
и, взаправду, мимо мужика.
Землянику ем, она мелка
и горька… Подумаешь, утрата –
тут и было-то всего дворов…
Нет Берёзовки на картах новых,
ни дощечки от ворот тесовых,
что - «из-под собаки…». Как суров
этот век, и как черствы мы сами.
Росчерк на бумаге, взмах руки…
Яблонь больше нет - одни пеньки
в лебеде… Но возвращает память
аккуратно побелённый дом,
образа в углу, кота на печке,
бабушку на низеньком крылечке
в чистеньком переднике льняном.
19.07.07.

Шуту дано

Памяти А.Л. Дурова

Я – шут, смешнее звания
на свете не сыскать!
Не ведаю заранее,
о ком и как сказать.
Произнесу с издёвочкой
ехидное словцо –
грозят в ответ верёвочкой…
Вельможное лицо,
иль харя прихлебателя –
не всё ли мне равно…
Шут нужен обязательно,
ему, шуту дано
и уколоть, и высмеять,
и словом бросить в грязь…
И плахи ждать, и выстрела
в затылок, веселясь…
16.3.06.

Опала

Воронеж. Ссылка. Яма. Вой метели.
Неправый суд. Гонения. Опала.
В вещах каким-то чудом уцелели
С десяток камешков агата и опала.

Красивые в сторонку отодвинул,
Согрел в ладони парочку невзрачных –
Они поближе в трудную годину
Красавцев переливчато-прозрачных.

Триумфа миг не часто выпадает
Средь каторжной работы серых буден.
Блеск праздников Поэт не замечает –
Он не от мира, свят и неподсуден.

Он вспомнил кедры в скалах Коктебеля,
Гостеприимство Максимилиана.
Сияло солнце, камешки блестели…
Воронеж. Вой метели. Ссылка. Яма.
2004.

Возвращение

«И цветы, и шмели, и трава, и колосья,
И лазурь, и полуденный зной...»

                                        И.Бунин

Простились. Скорбно музыка звучала.
Гроб опустили в глубину проёма.
И горсточка родного чернозёма,
Рассыпавшись по крышке, пухом стала.

В чужом наёмном доме свет погас
Вдали от Родины, от милых сердцу мест,
И мало кто на сотню лье окрест
Заметил, что Поэт ушел от нас.

И мало кто в стране, откуда он
Ушёл, дней окаянных не забывший,
Тогда узнал, что Бунин – этот "бывший"
На кладбище парижском погребён...

В когда-то им покинутой стране
Востребован теперь и почитаем,
Стократно переиздан и читаем
С великими другими наравне.

Он просто был всегда самим собою,
И вот теперь вернулся вновь к шмелям,
Цветам, колосьям, полевым путям,
К лазури и полуденному зною.
2004.

Таким он и остался

«Делит жизнь на вечность и минуты
Тот, кто знает век свой на земле...»
Алексей Прасолов

«Делит жизнь на вечность и минуты
тот, кто знает срок свой на земле.»
Только он свой срок не знал как будто,
и ушёл, оставив на столе
письма без ответов и десяток
чистых неисписанных листов...
Торопился... Резковат и краток
слог его. Что делать, но таков
был Поэт. Таким он и остался —
честным, размышляющим всерьёз.
Обнажая душу, обжигался
и держался, зная цену слёз.
2003.

Раскопки в Дубовке

Расчёска, очки, револьверная пуля…
Опять – револьверная, сплющен конец…
Кому предназначен был этот свинец
в том тридцать восьмом, в середине июля?
Конец деформирован… Видимо, в кость
попала… Так чьи ж эти жёлтые кости?
В расстрельную яму им, не на погосте,
без плит и крестов лечь тогда довелось.
Монета – обычный советский пятак,
мундштук костяной и латунная пряжка,
другая расчёска… Как больно, как тяжко!
Привиделось мне? Нет, всё, именно, так.
В Дубовку везли на полуторках утром…
Лопаты. Задание – рыть котлован.
Старались, копали, поверив в обман…
Готово? Расстрел. Завтра тем же маршрутом -
других… Нет свидетелей, только дубы,
прощаясь, вершинами молча качали.
Всё видели, знали дубы, но молчали…
Досталось и им – ошалев от пальбы
в затылок, от криков предсмертных и стонов,
какой-нибудь сентиментальный палач,
которому всё ещё слышался плач,
стрелял по дубам, не жалея патронов…
………………………………..
Раскопки в Дубовке. Вот новая пуля,
опять – револьверная, сплющен конец…
Чью жизнь подытожил бездушный свинец,
в том тридцать восьмом, в середине июля?
17.03.08.

Бордюрный камень

*На воронежской улице Фридриха Энгельса
в качестве бордюрного камня были использованы
надгробья, привезённые с кладбища.*

На улице Фридриха Энгельса
ровняют бордюрные камни.
Смотрю, и просто не верится:
фамилии с именами
и даты, парные даты...
Дворяне, купцы, мещане,
что в городе жили когда-то...
Неужто, так будет и с нами?
Мы все на Земле этой – гости,
но надо гостить достойно.
Надгробия брать на погосте
и делать бордюр... Невольно
представил – услышав: «Надо!»,
пошли осквернять могилы
вождя пролетарского «чада»,
нормальные, не дебилы,
работали с песней, споро,
лоснились от пота шеи...
Нескоро, ох, как нескоро,
прозреем и поумнеем...
Пока ещё улица – Энгельса,
о нём и не знают дети.
А камень бордюрный заменится,
и надписи эти заметят.
11.02 07.

Снесён бульдозером курган

Рвём связь со славным прошлым нашим,
А надо бы гордиться им.
То, что имеем, не храним...
Прогноз на будущее страшен.

Снесён бульдозером курган –
На свалку черепа с костями...
Чуть позже то же будет с нами,
Но до того нет дела нам!

Мой современник, ты устал
Гордиться предками своими?
Ты сам себе присвоил имя –
Иван, не помнящий родства!
5.03.11.

* * *

Никто не хотел умирать и сдаваться
в том возрасте, где-то немного за двадцать.
Куда ни пойди, под простёртою дланью
его, Ильича, под особым вниманьем
людей, обладавших и силой, и властью,
и знавших дорогу, ведущую к счастью
всеобщему, скорому, очень хотелось
побольше и сразу, гулялось и пелось,
и верилось в то, что ты, вправду, - хозяин
всего, что вокруг, от Москвы до окраин.
Хотелось… Но жили равны и убоги
мы в массе своей. Разумеется, боги
и те, кто поближе к богам и кормушке,
имели всегда повкусней и получше…
………………………………………..
Годочков с тех пор пролетело немало,
живём по-другому, но многих не стало,
ушли навсегда и узнать не успели,
какие страну раскачали качели…
Никто не хотел умирать и сдаваться
из тех, кому было немного за двадцать
30.11.05.

Память дарит слова

«Память – в прошлое след...»
Илья Цейтлин

Память – в прошлое след. Мне оттуда приходят слова,
Их поймать не всегда удаётся – легки, невесомы,
Но лишь мне одному и понятны они, и знакомы.
Чередою приходят они, память трону едва,
И на нынешний день удаётся взглянуть по-иному.

По орбите Земля завершает виток-оборот,
Добавляя забот, приближая к конечному сроку,
И всё чаще приходят простые слова, о высоком –
Недосуг... Возвращая минувшее, память не врёт,
Констатируя жёстко, порой, откровенно жестоко.

Память дарит слова, но не всякое ляжет в строку,
Я тревожу её, чтоб она подсказала другое.
Выбираю лишь те, что царапают и беспокоят,
Отметая пустышки и те, что у всех на слуху,
Оставляю лишь те, что проходят проверку душою.
15.07.10.

Старый снимок

Старый снимок. Друзья, все безусы и юны.
Имена, дни рождения на обороте.
Выпускной. Представленье о жизненной квоте –
Никакое... Потери. Оборваны струны.

Слишком многие рано ушли молодыми,
Не успев, не увидев, не став стариками...
Где-то холмик, оградка и с надписью камень,
А на нём: день рожденья и смерти, и имя...

Старый снимок. Мальчишки в кепчёночках странных.
Имена, дни рождения на обороте...
Для меня вы такими, как были, живёте,
Я вносить изменения в список не стану.
30.5.05.

Вот дверь в мой дом

Памяти Анатолия Сивкова

Вот дверь в мой дом, не заперта она.
Всё жду, когда один из тех её толкнёт,
с кем я давно знаком… Но день за днём идёт,
никто не постучит, как будто бы стена
возведена меж мной и давним прошлым,
где молоды мы были, где легко
давалось всё, где "Птичье молоко"
и прочий дефицит казались пошлым,
где обходились малым, где не раз
работа щедро сдабривалась смехом…
Всё позади, но еле слышным эхом –
тот смех звенит… Напомнил он сейчас,
как дружно жили мы, как веселились.
И кто бы мог подумать, что всего
пройдёт лет сорок, и уже того
недосчитались, с той уже простились…

Вот дверь в мой дом. Я жду, когда войдёт
хоть кто-нибудь из тех, шестидесятых,
когда нас молодых и неженатых
судьба свела однажды в хоровод…
9.03.05.

Держись!

Памяти Лёши Иванова

Я эха не дождусь из пустоты,
как не кричи, не получить ответа –
забвеньем обволакивает Лета…
Не обернёшься, не ответишь ты
мне, как обычно, в сдержанной манере,
иронию в свои слова вложив…
Подумать страшно – был недавно жив,
последний раз мы повстречались в сквере,
ты о грядущем лете говорил.
Я торопился. Постояли мало
и разошлись… Ничто не предвещало
беды. Сосредоточен, полон сил,
ты поспешил домой, слегка сутулясь,
и, обернувшись, что-то крикнул мне.
Я не расслышал… В роковой стене,
перечеркнувшей сеть проспектов, улиц
и время разделившей, нет ворот,
дверей и даже малого оконца,
туда лучи не проникают Солнца,
ты - там, я – здесь, но за неё зайдёт
когда-то каждый… Неизвестны сроки
и способ перехода в мир иной.
Как жаль, недолго постоял с тобой,
поторопился… Горькие уроки
нам постоянно преподносит жизнь.
Тот самый сквер окидываю взглядом -
в последний раз здесь оказались рядом…
Мне кажется, ты крикнул мне: "Держись!"
19.04.05.

Слишком поздно

Совсем не тем, кому должны остались,
мы принимаемся вниманье уделять…
Спохватимся, порой, долги отдать,
но слишком поздно – далеко умчались
те поезда, и нам их не вернуть
к перронам, на которых провожали.
Вокзалов нет, и рельсы разобрали…
На старых картах стёрт обратный путь…
Они давно простили нам долги,
списав великодушно подчистую,
преподнеся нам истину простую, –
нуждающимся сразу помоги!
Из недоступных мест они взирают,
на нас уже не в силах повлиять…
Одним лишь тем, что БЫЛИ, помогают
ошибок новых нам не совершать.
2003.

Жизнь держит

Любимые лица – всё реже,
пронзительней боли утрат...
Но жизнь продолжается, держит,
и я продолжению рад.
Маячит прощание где-то –
и мне уходить суждено,
но верю: дожить до рассвета
удастся. Открою окно,
напьюсь тишиной и прохладой,
увижу рождение дня...
Жизнь держит! Мне многое надо
успеть - есть долги у меня.

8.11.10.

7. Мягкой кистью колонковой

Ясень

Наталье Артёменковой

Бесполезное дерево ясень
вырастает само по себе...
Жизни смысл мне достаточно ясен,
дело в жизни самой, не в судьбе,
без которой, согласно легендам,
наша жизнь уже как бы не жизнь...
Жизнь – дорога, извилистой лентой
под ногами пылит. Положись
на того, кто с тобой неотступно,
неслучайно бок о бок идёт.
Много их? Повезло тебе крупно!
Ты спешишь, каждый прожитый год
отмечаешь весёлым застольем,
чтоб назавтра, тряхнув головой,
ни с бедой не смиряясь, ни с болью,
просто жить, оставаясь собой.
Каждый шаг, каждый вздох не напрасен,
их с улыбкою доброй итожь...
Бесполезное дерево ясень,
расскажи, для чего ты живёшь?
22.06.06.

Соловьи улетели из Боево

Вороны разместились на вершинах
акаций белых лесополосы.
Я по тропинке в поздние часы
бродил неспешно, мысля о причинах
всех наших бед, загадках бытия…
Но что-то мне мешало, угнетало,
как будто мне чего-то не хватало…
Внезапно понял – пенья соловья.
Как жаль… Я их исходом огорчён,
они гнездились в Боево годами…
Но соловьи не были б соловьями,
оставшись петь под карканье ворон.
8.02.05.

Просто луг

Просто луг и просто тропка
через этот самый луг…
Липкий тополиный пух
полетел… По небу робко
облачко, всего одно,
проплывает в синей выси…
Мысли будто бы зависли
вместе с облаком… Давно
ни тропинки нет, ни луга.
Я давно уже не тот.
В небе облако плывёт –
так всегда, когда мне туго…
15.05.08.

Одуванчик

Знаю: сорняк этот жёлтый весёлый цветок.
Вытянут стебель – упорно стремится он к солнцу…
Не потому ли так сильно горчит его сок,
что лишь чуть-чуть приподняться ему удаётся?
Из одуванчиков быстро плетутся венки,
жаль, что назавтра придётся расстаться с венками…
Вянут они. А с лугов невесомы, легки
выше, всё выше летят семена… Облаками
стать не сумеют, но сколько-то длится полёт!
Где им цвести предстоит через год знойным летом?
Сколько из них никогда-никогда не взойдёт?
Семя летит и не думает вовсе об этом…
7.01.08.

Никто не живёт

Узкий просёлок, ледок в колеях,
царство пырея на бывших полях…
Чуть различим, горизонт прикрывая,
реденький лес, луговина седая…
Дымом сырым наползает туман,
жмётся бездомной собакой к домам…
Но на засовы закрыты ворота,
видно, туманы пускать неохота,
или так рано не ждут никого,
или ушли… Но, скорее всего,
этот покой объясняется так:
нет здесь людей и дворовых собак,
куры не квохчут, петух не орёт –
в этой деревне никто не живёт…
17.01.05.

Степень родства

Муравьиной тропы лихорадочный пульс
Постепенно стихает к закату…
Всё смотрю и смотрю, и уйти не решусь
От снующих туда и обратно.

Ощущаю неясную степень родства
С муравьиной семьёй работящей.
Помраченье ума или зов естества…
Я… они… Кто из нас настоящий?
6.05.10.

* * *

Как хорошо! Разлёгся на траве,
что мну её, ни чуточки не стыдно.
Мне кроме неба ничего не видно.
Козявочка ползёт по голове.
Наверное, она удивлена,
что оказался на её дороге…
Вот, муравьи покусывают ноги…
Улёгся наподобие бревна,
мешаю продвигаться насекомым,
спешащим пропитанье где-нибудь
добыть. Осмелились меня куснуть.
Бог с ними… Я слежу за невесомым,
прозрачным облаком, оно - моё!
И строчки появляются об этом,
о том, как хорошо валяться летом
и чувствовать укусы муравьёв.
26.02.07.

* * *

Озабочен, нездоров, замотан,
Тороплюсь с работы на работу…
Но внезапно замер, не дыша, -
Бабочка порхает… Хороша!

Вьётся бабочка – цветок крылатый…
Танец в воздухе замысловатый,
Плавная посадка на цветок…
Сладкая пыльца, душистый сок…

Прозаической добычей пищи
Занята… Надуманной, излишней
Кажется расцветка крыл её -
Мы по правилам иным живём…

Бабочка порхает – что ж такого?
Бросив всё, любуюсь ею снова…
2005.

Прощание с яблоней

Пила наточена, разведена,
опилки чуть теплы и розоваты...
Как ствол могуч, как ветви узловаты...
Я помню, как была дичком она
принесена из ближнего оврага,
как яму рыл, как сыпал перегной,
как через год привил её, как в зной
поил... Как жаль: состарилась, бедняга.
В дупле – труха, кору порвал мороз,
плоды в парше, заметно измельчали...
Состарилась. Как холил я вначале
своих питомцев... Как домой принёс
я первый урожай – всего три штуки...
Как яблокам внучок тогда был рад...
Состарился со мной, заброшен сад.
Бываю редко - не доходят руки...
7.01.08.

Я просто устал

На даче. Порой посторонние звуки
доносятся. Мне безразличны они…
Не то, чтобы я изнываю от скуки,
но медленно тянутся летние дни.
Как медленно тянется время в отрыве
от важных, на время заброшенных, дел…
Немало плодов завязалось на сливе…
Бушует за душем нахал-чистотел,
занявший угодья мои самозвано…
Смородину жрёт ненасытная тля…
На даче моё пребывание странно,
что здесь меня держит? Зачем это я
живу, неудобства терпя, в захолустье,
где так одиноко, где многого нет?
Я просто устал. День-другой, и отпустит…
Чуть слышные звуки и солнечный свет,
и мне незнакомая серая птаха,
что, видя меня, не покинет гнезда,
и эта, видавшая виды, рубаха,
меня исцеляют? Конечно же, - да!
12.05.07.

Не то...

Виктору Бойченко

Холст на мольберте, под рукою кисти.
И тишина... Настройся и пиши...
Всё так, но без движения души
картина распадается на листья,
домишки, перспективу, светотень...
Получится, наверняка, картинка.
Быть может, кто-то ахнет: «Паутинка
тончайшая!» Не то... Проходит день,
другой... Как будто всё уже готово,
успел до срока выполнить заказ...
Но, что-то здесь не так. На этот раз
душа не откликается. Что, снова
писать? Что, подождать ещё чуть-чуть?
Пусть остаётся так, как получилось...
Мне новое привиделось, приснилось!
А это надо снять и завернуть...
18.05.06.

Зимний вечер

День – к концу – длиннее тени
и, чем дальше, тем - синей...
За пригорком в отдаленье
стук копыт и скрип саней.
Крут подъём – устал коняга,
вял бубенчика бубнёж.
Неба мятая бумага
розовеет... День похож,
как две капли, на вчерашний.
Под ногою наста хруст...
Поравнялись сани. Дальше
тихо едут... Я пройдусь
не спеша, тут – недалече –
полчаса до хуторка.
Тих в лесу февральский вечер...
Догорают облака...
14.02.10.

Рисунок тушью сделан

Белый снег и чёрная вода
в речке незамёрзшей, непокорной…
Чистый снег с водою этой чёрной
так контрастен. Тонкая слюда
по-над берегом, но эти льдинки
не сумели усмирить струю.
Холодна вода, но в ней снуют
маленькие рыбки-невидимки.
Там они, у дна, на глубине,
стайкою идут против теченья…
Что им снега белого свеченье?
Что они, рыбёшки эти, мне?
Луг, укрытый одеялом белым,
чёрным росчерком реки зигзаг,
льдинок чешуя на берегах –
будто, кто рисунок тушью сделал…
4.02.07.

Началось!

Как символ жизнестойкости – трава
растёт, рассудку вопреки, повсюду.
Мы, огрубевшие, давно привыкли к чуду
травинки первой. Снег сойдёт едва,
она наружу из земли отважно
проклюнется тщедушна и бледна
и к солнцу тянется… Пока она одна,
но завтра тут и там… Уже не важно,
вернутся ли морозы – началось!
Дни всё длинней, а ночи всё короче,
и даже те, кому весной не очень
влюбляться хочется, оттаивают. Брось
под ноги взгляд на землю невзначай,
задумайся, зачем ты топчешь травы,
их век и так недолог, Боже правый…
Душица, подорожник, иван-чай,
пырей, тысячелистник и цикорий,
вьюнок, сурепка, донник и ковыль –
затопчем их, и всё поглотит пыль…
Не верится, что это будет вскоре.
15.12.05.

Травинок торжество

«День рисовать апрелю в тон...»
Е. Рышкова

«День рисовать апрелю в тон»
пытаюсь я неторопливо.
Жемчужно-розоватый фон,
ныряет в дымку перспектива,
штрихи пока нагих ветвей,
готовые взорваться почки,
по камушкам бежит ручей...

Я вовремя поставил точки –
рисунок откровенно пуст,
безжизненно-хрестоматиен...
Начнём сначала. Голый куст,
листы осенние сухие,
сквозь них иголками трава,
в ней столько силы и напора,
весной разбужена, жива!
ковром зелёным ляжет скоро
газон, и мне косить его
положено еженедельно...
Апрель, травинок торжество
невыразимо акварельно!
3.04.06.

Неудачная акварель

Наталье Улановой

Я мягкой кистью колонковой
Попробую о чём-то летнем:
Цветок изысканно-лиловый
На фоне мягком, неконкретном…
Нет, всё же, прогадал я с фоном,
Забыл коварство акварели.
Начнём сначала. На зелёном…
Каком зелёном, в самом деле?
Оттенок непередаваем…
Салатный? Нет, скорей, - полынный.
Пятно лазурью добавляем…
Контраст? Нет, пустячок невинный.
Но пустячок, конечно, к месту,
Его, как раз, и не хватало…
Оранжевый зигзаг – фиеста!
Экспрессии, пожалуй, мало…
Вот здесь ещё б добавить зноя –
Полынь слегка уравновесить…
Не получилось. Что со мною?
Нельзя так вяло о фиесте.

Лист неудавшийся отброшен,
За ним – другой. Проходит лето…
Мешает что-то мне в подвздошье.
Мешает… Никому об этом.
12.06.07.

Этот луг

Я любуюсь чудесным пейзажем.
Утро. Луг. Изумрудна трава.
Холст и краски... Мне кажется даже,
что я видел не раз и не два
этот луг. По колено промокший
от обильной студёной росы,
шёл к протоке, осокой заросшей...
В эти, раннего утра часы
так естественны краски, а звуки
так заботливо глушит туман,
что отдаться готов на поруки
ивняку, камышу, окушкам,
проводящим в придонных глубинах,
день-деньской в ожиданье малька.
Плавники веерами на спинах...
Луг из детства... Незрима, тонка
нить, ведущая в давние годы,
где всё было взахлёб и впервой...
Ощущенье полёта, свободы...
На картине пейзаж, как живой!
31.07.05.

* * *

В убранстве рощ, наполненных покоем,
обилие оттенков и расцветок.
Японская изящность бересклета
на ровном фоне потускневшей хвои,
местами откровенно рыжеватой…
От тёрна посиневшие опушки
и тишина в отсутствие кукушки,
наобещавшей что-то нам когда-то…
Полей однообразные пространства,
оставленные отдыхать до срока…
Хандра осенняя. Тоскливо, одиноко,
но ожидаемо с завидным постоянством.
26.09.06.

* * *

Осень случится на днях, или чуточку раньше.
Впрочем, нужна ли нам точная дата прихода...
Осень случится, об этом вздохнёт с небосвода
кто-то невидимый. Вздох этот тихий, тишайший
мелкою рябью пройдётся по зеркалу плёса,
клён головой покачает своей золотою,
зная, - назавтра придётся расстаться с листвою.
Осень случится вот так незаметно и просто...
24.08.06.

* * *

Неторопливый разговор дождя
вполголоса, слегка однообразный.
Идёт мой собеседник неотвязный,
мне душу разговором бередя…
Перемещение воды с небес
в безветрие почти по вертикали,
надёжно занавешенные дали…
Надолго, видно. Мокрый луг и лес,
подставивший для омовенья кроны,
довольны – дождик этот долгождан,
его сегодня предвещал туман
и чересчур раскаркались вороны,
проснувшиеся в парке поутру…
Теперь попрятались. И я под крышей.
Окно распахнуто - так лучше слышать,
что дождь бубнит, шатаясь по двору…
9.06.07.

Осень плачет дождём

Лидии Журавлёвой

Мне осенний пейзаж был заказан тобой…
Видишь, сколько смиренья в поникших ветвях,
Как расправился дождь с облетевшей листвой, -
Почернела уже, превращается в прах…

Ты просила пейзаж. В нём унынье и грусть,
Вместо синего неба – линялый лоскут…
На опушку с этюдником завтра вернусь –
Может, выглянет Солнце на пару минут.

Я рисую с натуры опять и опять,
Но пейзаж раз за разом грустней и грустней…
Есть ли смысл ежедневно печаль рисовать?
Осень плачет дождём. Попрощаемся с ней…
18.10.10.

* * *

Кончен прощальный бал.
Сброшен рыжий парик...
Вымокший под дождём
лес обречённо пуст.
Тропкою в никуда,
не торопясь, пройдусь,
думая о своём...
Лес всё поймёт – привык.

Осенью подвожу
очередной итог
неподкреплённых слов,
незавершённых дел.
Радость невелика -
многого не успел...
Лес, как всегда, смолчит,
лишь – пониманья вздох...
3.06.10.

Дождик топчется на крыше

Осень. Дождик топчется на крыше,
деликатен и нетороплив.
Тучи низкие, над ними, выше -
Солнца предзакатного разлив.
Дождик долгожданную прохладу
дарит, но земля пока суха…
Воробей, присевший на ограду,
улетел подальше от греха –
спит уже, наверно, под стрехою,
утомлён дневною суетой…
Выйду на крыльцо и дверь прикрою.
Дождь унялся. Влажный и густой,
яблочным пронизан ароматом,
сладко пьётся воздух сентября…
Этот дождик приходил когда-то –
хорошо его запомнил я…
10.09.07.

* * *

Бабьего лета обманка.
Хочется верить опять
в то, что не рана, а – ранка,
в то, что получится вспять
время крутнуть... Изначально
обречена на провал
эта идея. Печально –
Осень теряет права,
щедро даря напоследок
горсточку тёплых деньков.
Несвоевремен и редок
день без дождя, но таков
бабьего лета характер –
хочется верить в обман,
зная, что скоро накатит,
неотвратимо, - Зима.
6.08.10.

Осень кончилась

Вот и всё. Ещё вчера пастелью
нарисован был осенний лес -
рыжий фон за голубою елью…
Водопад, низвергнувшись с небес,
скорректировал палитру махом –
ветви чёрные, да зелень хвойных лап…
Узловатый пень похож на плаху…
Всё пропитано водой… Кап… Кап…
Капля тяжестью свинцовой пули
в плаху бьёт, и водяная пыль
оседает нехотя… Уснули
перелески… Небыль, или быль,
утро, или наступает вечер,
или бесконечный серый день –
не понятно… Далеко-далече
колокол - к вечерне… Мокрый пень…
Графика ветвей, штрихи-изломы,
будто сотни утомлённых рук
безнадёжно опустились… Что мы
так печалимся? Совсем не вдруг
всё вокруг внезапно изменилось –
осень кончилась… Преодолён рубеж…
Птица прилетела, покружилась –
горлинка в наряде цвета беж…
3.11.05.

* * *

Пожить, уединившись, день-другой
в лесной, забытой Богом, деревушке.
Дрова колоть. Бесцельно по опушке
бродить… Ночами слушать вой
в трубе и нудный скрип сухой осины,
и филина внезапный близкий крик,
и вопль зверька, которого настиг
тот филин… В росах нити паутины
повисли на кустах, как кружева.
Густой туман, ползущий из низинки.
На лужах утром тоненькие льдинки,
морозцем схвачена опавшая листва.
Возможность любоваться, созерцать
и впитывать. В природе растворяться,
не торопясь пытаться разобраться,
в чём жизни смысл и, наконец, понять,
как восхитительны часы уединенья,
как для души целительны они...
Часы уединенья, лучше – дни
раздумий, наблюдений, очищенья.
19.5.05.

Полнолуние

В лесу всё тише с каждым днём,
деревья обнажили кроны,
лишь ельничек стеной зелёной
по горизонту. Водоём
как будто глубже стал. Всё просто –
ясней холодная вода.
Зажглась вечерняя звезда.
Ледочек в колеях колёса
крушат… Разок вздохнул и стих
за день намаявшийся ветер.
По небосводу росчерк светел –
проходит трасса. Звук достиг
с задержкой – высота большая,
оттуда нас не разглядеть.
Да вряд ли кто-нибудь смотреть
захочет – здесь леса без края…
Оттуда ельничка стена
и озерцо, и чернолесье –
сплошным ковром… Из поднебесья –
ни звука. Полная Луна
приподнимается устало,
как будто надоело ей…
Всё больше звёздных фонарей,
плотнее ночи покрывало…
4.11.07.

Глядя на отражение храма

Храм тонет в зеркале реки без дна,
в молчанье тонет... Ненасытна бездна,
но кто докажет мне, что бесполезна
жизнь наша. Словно храм она
дробится, отражаясь в мелкой ряби
житейских неурядиц и побед,
и это отраженье, этот след
кому-то виден кроме нас... Озябли
сердца и души. Ветер перемен
покой уносит, бередит, тревожит...
Глянь в зеркало, морщинок сеть по коже
подобна ряби на воде. С колен
поднявшись, отойди подальше
от берега, постой и оглянись –
не тонет храм, а, устремившись ввысь,
парит над миром суеты и фальши.
16.11.05.

Какой-нибудь пустяк

За тридевять земель живу, вдали
от Родины своей, в одном из штатов.
Не мог себе представить я когда-то,
что доведётся выжженной земли
и кактусов громадных силуэты,
и Вегаса шальной калейдоскоп
увидеть, и что мне однажды коп
подскажет, как пройти… Я не об этом
хочу сказать. Простого воробья
я повстречал и рад был, как родному.
Я находился там, но он мне к дому
помог вернуться… Там увидел я
и травку, звали мы её «калачик»,
жевали – ничего была на вкус…
Ещё я донника нашёл однажды куст,
потом - другой… Вдали так много значит
какой-нибудь пустяк, на первый взгляд:
травинка или птичка. В чём тут дело?
Что ж на душе от встречи потеплело?
Что ж загрустил я? И чему я рад?
6.02.08.

СОДЕРЖАНИЕ

www.ingramcontent.com/pod-product-compliance
Lightning Source LLC
Chambersburg PA
CBHW070716130626
46553CB00005B/2014